Diana Müll

Christine Bode

Mogadischu

Autorenportraits

Diana Müll

Geboren 1958 im Hessischen Daubringen bei Gießen als eines von vier Kindern. Sie arbeitet heute als selbstständige Kosmetikerin in ihren eigenen Studio in Gießen. Ihre Tochter Alicia ist heute genauso alt, wie sie zur Zeit der traumatischen Entführung. Seit den damaligen Geschehnissen ist sie immer wieder gern gesehene Interviewpartnerin in Zeitung, Funk und Fernsehen. Doch noch nie hat sie ihre ganze Geschichte erzählt.

Christine Bode

Geboren 1964 in Bergerac, Frankreich. Nach dem Studium in Gießen langjährige Erfahrung als Rundfunkredakteurin. Seit diesem Jahr auch als freie Journalistin tätig. Lebt mit ihrem Mann und dem gemeinsamen Sohn in Gießen.

www.terrorundtodesangst.de

Diana Müll
Christine Bode

Mogadischu

Meine Befreiung aus Terror und Todesangst

Verlag Ehgart & Albohn GmbH
2007

Impressum

Gesamtherstellung:
Druckwerkstatt Ehgart u. Albohn GmbH

Wir danken dem „Gießener Anzeiger“ für die Bereitstellung der Fotos.

Verlag Ehgart u. Albohn

ISBN 987-3-936705-07-2

Widmung

Dieses Buch widme ich meinen Eltern, Erika und Dieter und meinen Geschwistern Markus, Thorsten und Stefanie, die damals zu Hause fünf Tage durch die Hölle gegangen sind und das bis heute nicht vergessen können. Ich hatte nie den Mut, Ihnen die ganze Geschichte zu erzählen. Dies soll das Buch nun ändern.

Vorwort

Warum dieses Buch?

Die Fakten sind bekannt. In unzähligen Filmen, Dokumentationen, Büchern und Artikeln kann man sie bis heute nachlesen. Wir möchten die menschliche Geschichte zwischen den Fakten erzählen.
Über 80 Menschen wurden an diesem 13. Oktober 1977 unfreiwillig zu Opfern, zu Geiseln, tyrannisiert und mit dem Tode bedroht. Jeder von ihnen trägt auf die eine oder andere Weise bis heute an diesem albtraumhaften Erlebnis. Jeder von ihnen könnte seine eigene Geschichte erzählen und sie wären alle unvergleichlich individuell.
Diana Müll ist eine von ihnen und für sie ist dieses Buch nach 30 Jahren eine letzte Therapie. Eine Chance, dem Erlebten, das sie hier zum ersten Mal so ausführlich wie noch nie in ihrem Leben schildert, noch einmal zu begegnen und es damit im besten Falle wieder ein Stück mehr zu verarbeiten. Begleiten wird sie diese Erfahrung auch noch für den Rest ihres Lebens aber sich ihr in dieser Weise zu stellen und sie in allen schmerzhaften Details aus dem Dunkel des Verdrängens zu holen, war ein Wunsch und ein Weg, der ihr geholfen hat.

Ich lernte Diana Müll vor fünf Jahren anlässlich eines Features kennen, dass ich mit ihr für das Radio machte. Dafür führten wir ein Interview über maximal zwei Stunden. Diese Begegnung mit ihr und ihrer Geschichte hat mich nachhaltig berührt und beschäftigt. Viele Interviews hatte sie bis dahin schon gegeben, in Zeitungen, im Rundfunk und ihm Fernsehen und das tat sie auch bei mir mit einer professionellen Distanz, die das ganz persönliche Leid, die Angst und die Ohnmacht, die sie als junge Frau von 19 Jahren damals durchlebt hatte nur ansatzweise erahnen ließ.
Im Anschluss kam in ihr der immer stärker werdende Wunsch auf, ihre Erlebnisse in einem Buch zu schildern. Dafür suchte sie einen Autor. Für mich bot sich damit nicht nur eine spannende Aufgabe sondern die große Herausforderung, diesen Weg in die Vergangenheit mit ihr gemeinsam zu gehen und zu versuchen, mich in die Gefühle, die Todesangst und den immer währenden Schrecken hinein zu versetzen, um das eigentlich Unvorstellbare in Worte zu fassen.
Wir verbrachten in den kommenden Jahren unzählige Stunden damit, in Interviews diesen Weg nachzuzeichnen, uns ihrer ganz persönlichen Geschichte zu nähern und immer wieder blieb bei mir diese Frage: wie kann ein Mensch eine solche Tortur physisch und psychisch überleben? Darauf gibt es sicher mehr als eine Antwort und bestenfalls ist es uns vielleicht gelungen, mit dem Buch eine für den Leser erkennbare zu finden.

Die größte Bereicherung für mich an dieser Arbeit war die Erkenntnis, die sich wie ein roter Faden durch Diana Mülls Geschichte zieht, dass der unbedingte Wille zu Überleben auch in den scheinbar auswegslosesten Situationen immer einen Platz für Hoffnung lässt.

Christine Bode
September 2007

13. Oktober

Der Weg ins Dunkle

Mit quietschenden Reifen hielt der klapprige graue Kleinbus vor dem Terminal am Flughafen von Palma. Dabei war der Wagen auch so schon auffällig genug. Auf seinem Dach war ein riesengroßer grau-weißer Zeppelin montiert, der die ganze Länge des fahrbaren Untersatzes ausmachte. Mit großen schwarzen Lettern war unübersehbar der Name „Graf Zeppelin" auf den grau lackierten Untergrund gepinselt.
Wer allerdings glaubte, der kuriose Aufbau sei ein Werbegag für eine Flugschule, lag falsch. Jeder Einwohner, aber auch jeder Tourist, der schon mehr als einmal auf Mallorca gewesen war, wusste, dass das „Graf Zeppelin" nicht nur eine, sondern die angesagte Diskothek in Arenal war.

Auch ich hatte dort in der vergangenen Woche die Nächte durchgefeiert und durchgetanzt, zusammen mit sieben anderen jungen Frauen, alle zwischen 16 und 20 Jahren alt. Alle hatten wir eines gemein: In einem vorangegangenen Urlaub in Arenal, in diesem Sommer 1977, hatte jede von uns einmal die wöchentliche Gaudi-Misswahl im Graf Zeppelin gewonnen und war zur Schönheitskönigin gekürt worden. Für uns junge Mädchen war das natürlich ein Riesenspaß gewesen, der dann, als wir schon längst wieder zu Hause waren, noch getoppt werden sollte.

Denn Manfred und Uschi Riek, die Besitzer des „Zeppelin“, beide ausgewanderte Deutsche in den 30ern, hatten alle Schönheitsköniginnen dieser Saison eingeladen, auf ihre Kosten noch mal für eine Woche nach Palma zu fliegen. Die Einladung war sicher nicht ganz uneigennützig, denn die Misswahlen im „Graf Zeppelin“ waren ein echter Publikumsmagnet und nun konnte Manfred damit werben, dass sich in dieser Woche gleich acht Schönheitsköniginnen auf einmal in seinem Laden tummelten. Wie auch immer, für mich war das natürlich die Sensation, denn von meinem kleinen Gehalt als Verkäuferin hätte ich mir einen weiteren Urlaub nicht leisten können.

Unsere Gastgeber hatten uns in dieser Woche mit einem Rundum-Programm nach Strich und Faden verwöhnt und weil sie zudem auch ein sorgsames Auge auf uns junge Hühner hatten und für uns immer ansprechbar waren, war der Aufenthalt bei ihnen fast familiär. Tagsüber Wasserski oder Bootstouren auf dem Meer, abends Gratisdrinks und jede Menge Spaß im „Graf Zeppelin“. In unseren Hotelbetten lagen wir selten vor vier oder fünf Uhr morgens.

Die letzte Nacht vor unserem Abflug hatten wir alle durchgemacht, denn zu Hause wartete wieder der Job, die Ausbildung oder die Schule und da wollten wir natürlich jede freie Minute mitnehmen. Entsprechend übernächtigt und völlig überdreht, flossen dann beim Abschied von unserer Gastgeberin Uschi die Tränen, keiner wollte wirklich weg. In den vergangenen acht Tagen hatten wir jede Menge Leute kennen gelernt, sowohl Einheimische als auch andere Touristen. Das Verabschieden nahm kein Ende. Gegen 13 Uhr an diesem sonnigen Donnerstag sollte unser Flieger nach Frankfurt gehen und wir waren schon verdammt spät dran. Schließlich musste uns Uschi wie eine aufgescheuchte Schar von Hühnern zusammen treiben und eigenhändig ins Auto setzen, sonst wäre aus unserer Abreise gar nichts geworden. Wie hätte sie in diesem Moment ahnen können, dass ein verpasster Flieger im Gegensatz zu dem, was uns an Bord erwarten würde, so ziemlich das kleinste Problem der Welt gewesen wäre.

Nachdem Manfred ordentlich Gas gegeben und die Strecke zum Flughafen mit acht völlig überdrehten und kichernden Weibern wahrscheinlich in Rekordzeit zurückgelegt hatte, waren wir nun endlich da. Jetzt sprangen alle aus dem Wagen, im Laufschritt rannten wir in die Abflughalle und dann das: Die Schalter waren bereits geschlossen. Das Flugzeug sei längst startklar, erklärte eine leicht gereizte Check-in-Mitarbeiterin mit missbilligendem Gesichtausdruck. Doch sie hatte unseren Manfred noch nicht in Fahrt erlebt. Der fackelte nicht lange, ließ sich ihren Vorgesetzten geben und verschwand mit dem Mann in einem Büro. Nach kurzem Wortwechsel war alles klar. Wir wurden durch die Kontrollen gewunken und hetzten dann über die Gangway. Gerade so konnten wir Manfred noch über die Schulter ein „Tschüss und Dankeschön" zurufen, dann war er schon aus unserem Blickfeld verschwunden.

Aus dem Augenwinkel bemerkte ich plötzlich, dass wir nicht die einzigen Nachzügler waren. Mit uns hastete ein weiteres Pärchen in Richtung Flugzeug. Wie wir konnten auch sie unbehelligt die Kontrollen passieren, weil der Flieger längst startbereit war und wir alle nun so schnell wie möglich an Bord kommen sollten. Ein folgenschwerer Fehler, wie sich nur wenig später rausstellen sollte.

Ich schätzte die beiden auf Mitte bis Ende 20. Wie ich später erfuhr, waren sie nur wenig älter als wir. Beide sahen ausländisch aus, aber zuordnen konnte ich sie nicht. Sie war eine kleine, hübsche, zierliche Frau mit feinen Gesichtszügen und halblangem, schwarzen Haar, er auch nicht besonders groß, aber drahtig und schlank. Dicke pechschwarze Haare umrahmten sein Gesicht mit dunklen Augen und einem Schnauzer, sein Blick war durchdringend. Das Auffälligste an dem Fremden aber war sein Jackett: für die Hitze viel zu warm aus dicker Baumwolle und lila kariert. Es hätte einem Komiker auf der Bühne alle Ehre gemacht, aber an ihm sah es einfach nur völlig deplatziert und unfreiwillig komisch aus.

Überdreht und albern wie wir waren, mussten wir selbst im Eilschritt gleich ein paar lästerliche Bemerkungen darüber loswerden und liefen kichernd die letzten Meter zum Flieger. Später habe ich mich immer wieder gefragt, ob der Mann möglicherweise registriert hatte, dass auch ich mich über ihn lustig gemacht hatte. Denn schließlich war er es, der uns wenig später in eine tagelange Hölle aus Terror und Todesangst schicken sollte.
In der Maschine angekommen, bedachte uns so mancher der Passagiere mit entnervtem Blick, denn schließlich hatten alle auf uns warten müssen. Uns war das egal, wir waren nach wie vor in Feierlaune und hatten auch nicht vor, uns die verderben zu lassen.
Meinen Platz fand ich relativ weit hinten in der Economy. Ich setzte mich an den Gang und ließ Simone den Fensterplatz. Sie war auch eine der Schönheitsköniginnen, kam aus Dortmund und war in dieser ausgelassenen Woche auf Mallorca meine Freundin geworden.
Mit ihren knackigen 16 Jahren war Simone drei Jahre jünger als ich. Ihre Eltern hatten eine gut gehende Kneipe, in der sie aushalf und sich so nach der Schule ein wenig Geld verdiente. Eine Lehre hatte sie noch nicht in Sicht und dazu drängte sie auch niemand. Sie war wohl eher der Typ „verwöhntes Einzelkind“, aber unheimlich lebensfroh und großzügig.
Weil ich viel weniger Geld im Urlaub ausgeben konnte, hatte sie mich immer wieder eingeladen, ohne dafür irgend etwas zu erwarten.

Keine von uns acht Schönheitsköniginnen hatte vor unserer Ankunft in Palma die anderen gekannt. Doch als ich Simone sah, da hatte es irgendwie auf Anhieb gestimmt. Ich spürte so etwas wie eine Seelenverwandtschaft mit dieser außerordentlich hübschen, hochgewachsenen, jungen Frau. Mit ihr hatte ich in dieser ausgelassenen Urlaubswoche das Hotelzimmer geteilt und wir waren schnell unzertrennlich geworden wie siamesische Zwillinge. Wir waren beide genauso verrückt auf Partys und Tanzen. Wir flirteten auf Teufel komm raus, hatten zusammen jede Menge Spaß und waren eigentlich nie vor Tagesanbruch im Bett. Nicht einmal hatte es in diesen acht Tagen irgendwelche Misstöne zwischen uns gegeben, auch wenn ich die größere Klappe hatte und der ansonsten viel stilleren Simone mit meinem ewigen Geplapper bestimmt manches Mal auf den Nerv gegangen bin.

Unsere Lufthansa-Maschine, die „Landshut“ startete jetzt durch und als sie den festen Boden verließ und in die Luft stieg, war es wieder da, dieses kribbelnde, teils aufregende, teils beängstigende Gefühl, wenn die Schubkraft einen in den Sitz drückt.

Die Bordbesatzung stellte sich vor, die Stewardessen demonstrierten die Sicherheitshinweise, wir warteten nur auf den Servierwagen und als er endlich kam, genehmigten wir uns erst mal ein Gläschen Sekt.

Als die Lichter für das Anschnallen in der Konsole über uns erloschen, kamen gleich ein paar von den anderen Mädels aus ihren Sitzen zu uns rüber, damit wir uns besser unterhalten konnten. Wir plauderten belangloses Zeug,

bis unser Blick erneut auf den Ausländer im lila-karierten Sakko fiel. Er saß mit seiner zierlichen Begleiterin in der gegenüberliegenden Sitzreihe hinter uns. Klar, dass es nicht lange dauerte und wir wieder mit albernen Bemerkungen über das sonderbare Outfit des Mannes loslegten. Dann kam das Essen. Simone und ich hatten unsere Tabletts auf dem Klapptisch gerade aufgemacht, eine von den Mädels stand noch immer bei uns, sie hatte sich im Gang an meinen Sitz gelehnt und einen Ellbogen auf die Kopfstütze gelegt, als sie urplötzlich einen derben Stoß von hinten bekam und fast auf meinem Essen landete.
Erschrocken sahen wir auf und erkannten das ausländische Pärchen, das wild gestikulierend in Richtung erster Klasse rannte. Die zierliche Frau vorneweg und er, dessen Jackett uns eben noch so amüsiert hatte, hinterher. Dann sah ich es, der Mann hatte eine Pistole in der Hand und außerdem ein graues, eiförmiges Ding, das ich zuvor noch nie gesehen hatte, erst später wusste ich, dass es sich um eine Handgranate handelte.
Ich starrte jetzt jedoch nur auf die Pistole und in meinem Kopf explodierten die Gedanken.
Für mich war klar, die beiden waren irgendwie in Streit geraten und jetzt wollte er sie erschießen. Doch warum, sie hatten sich nicht mal unterhalten. Die ganze Zeit, als wir uns über ihn lustig gemacht hatten, hatten die zwei nur still nebeneinander gesessen. Was war geschehen?
Dann fiel mir ein, jemand hatte mir mal erzählt, wenn einer im Flugzeug einen Schuss abfeuert, der nach außen dringt und die Hülle verletzt, dann stürzt die Maschine

sofort ab, ich wurde panisch. Wusste das denn dieser Wahnsinnige nicht, wie konnte er das riskieren und ich dachte tatsächlich, wenn er schon schießt, hoffentlich trifft er sie dann auch und nicht das Flugzeug.
Wir konnten nicht reden, wir waren in einem ersten Schockzustand und starrten auf die beiden Rücken, die schnell aus unserem Blickfeld verschwanden, ohne dass ein Schuss fiel. Offenbar waren sie vorne angekommen, denn jemand brüllte auf einmal so bestialisch laut über die Bordanlage, dass wir alle wie vom Schlag getroffen zusammen fuhren. Ich starrte Simone fassungslos an. Ein Kauderwelsch aus Englisch mit arabischem Akzent prasselte auf uns nieder, das einzige Wort, das ich verstand, war „Hijacking".
Mir blieb fast das Herz stehen, mein Verstand weigerte sich hartnäckig, das Geschehen als Realität anzuerkennen. Es konnte doch nur ein schlimmer Traum sein, nicht mehr, auf keinen Fall mehr.
Mein Englisch war schlecht, ich stieß Simone in die Rippen, die leichenblass neben mir saß, sie sollte für mich das unerträgliche Gebrüll übersetzen, doch da war es auch schon vorbei. Dann ging alles ganz schnell.
Der Vorhang zur ersten Klasse im vorderen Teil des Flugzeugs wurde aufgerissen und wie Vieh wurden die Passagiere, die dort gesessen hatten zu uns nach hinten getrieben. Diese Gesichter, erstarrt in Fassungslosigkeit, Angst und Schrecken, kann ich bis heute nicht vergessen.

Hinter ihnen eine große, arabisch aussehende Frau, untersetzte Figur, lange dicke, schwarze Haare und große, dunkle, durchdringende Augen. Sie zielte mit einer Pistole auf uns und gab die Kommandos. In der anderen Reihe machte ein kleiner, ebenfalls dunkelhaariger Mann mit südländischem Aussehen denselben Job, ebenfalls schwer bewaffnet. Sie stießen die Männer, Frauen und Kinder in die leerstehenden Sitze. Die jungen, kräftigeren Männer wurden durchsucht und mussten sich dann direkt ans Fenster setzen, damit sie keinesfalls schnell aus den Sitzreihen herauskommen konnten.
Mein Blick hing an den Waffen unserer Entführer, ich war wie erstarrt, wie eingefroren in diesem Moment, den ich nicht fassen konnte, nicht wahrhaben wollte.
Außer den gebrüllten Kommandos der beiden Entführer, die wie Hagelkörner auf uns einprasselten, war kein Laut zu hören. Nicht einmal die Kinder weinten.
Als nächstes mussten wir unsere Tabletts in den Gang werfen, die Stewardessen sammelten Gabeln und Messer ein, auch unser Handgepäck, unsere Pässe und Personalausweise mussten wir abgeben, alles wurde in die erste Klasse verfrachtet, wo ja nun keiner mehr saß.
Für einen unbeteiligten Betrachter wäre der Blick in unsere Kabine sicher ein groteskes Bild gewesen: Wir saßen dort, eingepfercht in symmetrische Sitzreihen, dutzende Menschen mit hoch erhobenen Händen, bewegungslos, erstarrt in Angst, wie Schaufensterpuppen in einem ab-

surden Theater. Für uns war es eine Realität, in der wir noch nicht angekommen waren.
Alle vier Entführer hatten sich in den beiden Durchgängen zur ersten Klasse postiert, bewaffnet mit Pistolen und Handgranate. Einen Finger immer am Abzugsring ließen sie keinen Zweifel daran aufkommen, dass sie es ernst meinten. Unser alter Bekannter hatte längst sein kariertes Jackett abgestreift und war nun ohne Zweifel als Anführer der Truppe zu erkennen.
Seine drahtiger und durchtrainierter Körper sprühte förmlich Funken vor Aggressivität. Seine dunklen, durchdringenden Augen waren ständig in Bewegung, sie schienen alles zu erfassen, jede noch so kleine Bewegung in den Reihen, wenn jemandem die hocherhobenen Hände zu erlahmen drohten oder einer versuchte, den steif werdenden Rücken durch eine veränderte Sitzposition zu entlasten.
Sofort hastete er durch die Reihen, drohte mit seiner Pistole, schlug mit dem Knauf auf Passagiere ein oder trat sie mit den Füßen, mal gezielt, mal willkürlich, ein Wahnsinniger, ein Unberechenbarer mit einer irren Mission.
Jetzt griff er nach dem Mikrofon des Pursers und schrie in seinem gebrochenen Englisch mit aller Gewalt hinein. Aus den Lautsprechern dröhnte nur ein verzerrtes Krächzen. Ich dachte, mein Klopf platzt.
Schließlich nahm sich eine der Stewardessen, die blonde Gaby Dillmann, ein Herz und erklärte ihm, dass er leiser sprechen müsse, sonst könne man ihn nicht verstehen.

Sich zu zügeln, fiel ihm sichtlich schwer, aber es gelang. Es folgte eine politische Rede, in der er die Zustände in Palästina anprangerte, die Israelis verteufelte und klar machte, er und seine Kameraden wollten dies nicht länger hinnehmen.

Sie hätten sich nun mit ihren deutschen Brüdern und Schwestern von der RAF verbündet und wollten sie mit unserer Entführung frei pressen, um gemeinsam den Kampf gegen den deutschen und israelischen Faschismus zu führen. Uns hätten sie ausgesucht, weil wir allesamt Faschisten und Schweine seien. Es ginge uns gut, wir hätten Geld und keine Probleme, deshalb sollten wir nun mal sehen, wie es sich anfühlte, unterdrückt zu sein. Wir sollten uns endlich Gedanken um die Probleme in Palästina machen.

Da ich wenig verstand, musste Simone immer wieder flüsternd übersetzen, was der Mann, der sich Captain Mahmud nannte, nicht mehr ganz so laut ins Mikrofon schrie. Als ich die Worte RAF und Terrorismus hörte, da sackte meine mühsam bewahrte Hoffnung auf den Nullpunkt.

In den letzten zwei Stunden hatte ich mir noch immer einreden können, es ginge um Geld, irgend jemand würde zahlen und wir kämen bestimmt bald frei. Doch jetzt wurde selbst mir, als politisch wenig interessierten 19-Jährigen bitter klar: Das ist ganz und gar ernst.

Auch wenn ich zu dieser Zeit im sogenannten „Heißen Herbst“ 1977 in Deutschland nicht regelmäßig Nachrichten sah, so war auch mir bewusst, dass der RAF-Terrorismus, der gerade mit der Entführung des Arbeitgeber-Präsidenten Hanns Martin Schleyer in Deutschland die Schlagzeilen beherrschte, eine Bedrohung war, die tödlich enden konnte.
Ich hörte nicht mehr zu, in mir zog sich alles zusammen, die Angst schnürte meine Kehle zu. Was ich noch wusste, war, dass Schleyer schon über einen Monat in RAF-Gefangenschaft war, die Bundesregierung gab nicht nach, wieso sollte sie es also bei uns tun.
Mein Blick ging rüber zu Simone, die rechts von mir am Fenster saß und ich erschrak noch einmal.
Rein äußerlich waren wir beide grundsätzlich verschiedene Typen. Simone legte ausgesprochen viel Wert auf ihr Äußeres und scheute weder Zeit noch Mühe, sich optisch in Szene zu setzten. Ihre feinen, langen blonden Haare drehte sie täglich auf Lockenwickler, um ihnen mehr Volumen zu geben. Auch ging sie niemals ungeschminkt aus dem Haus. Lippenstift, Kajal und Lidschatten gehörten zum Standardprogramm. Ich war mit meinen 1,68 Metern fast einen Kopf kleiner als sie, mein leicht dunkler Teint, meine braunen Augen und mein dickes, schwarzes Haar ließen eher meinen mexikanischen Vater als meine deutsche Mutter vermuten.
Jetzt nach den ersten Stunden des Schreckens war diese fröhliche und lebenslustige Simone kaum wieder zu er-

kennen. Kreidebleich, völlig in sich zusammen gefallen, mit zittrigen Händen saß sie da, das Make-up von Tränen verwischt, das blonde Haar hing strähnig um die Schultern.

Wir sahen uns an, aber es fiel kein Wort. „Wer spricht, wird erschossen, wer die erhobenen Hände herunter nimmt ebenfalls“. Diese immer wieder gebrüllten Kommandos der Entführer brannten sich in unsere Köpfe.

Mittlerweile hatte sich der Anführer vermutlich wieder ins Cockpit zurückgezogen, wenigstens sein Gebrüll mussten wir nicht länger ertragen.

Im Durchgang zur ersten Klasse stand nun noch die Frau mit den dicken langen schwarzen Haare, die wir wegen ihrer stämmigen Figur nur „Die Dicke“ nannten. Ihre Pistole hatte sie in den Bund ihrer Jeans gesteckt, in beiden Händen hielt sie die Handgranaten hoch, einen Finger immer am Abzugsring, fanatisch glitten ihre Augen wieder und wieder durch die Sitzreihen, ähnlich wie Mahmud schien sie alles und jeden zu erfassen.

Die nach meiner Schätzung etwa 28-jährige Frau war ein Phänomen. Sie konnte stundenlang, ohne die geringsten Anzeichen von Ermüdung, die Handgranaten mit ausgestreckten Armen hochhalten, wie eine Statue in Stein gemeißelt.

Unser zweiter Bewacher war „Der Hübsche“. Ein kleiner, sehr attraktiver dunkelhaariger junger Mann. Ich schätzte ihn auf Anfang 20. Sein Aussehen war weniger arabisch, sondern eher südländisch, man hätte ihn auch für einen Spanier halten können.

Er hatte weiche, fein geschnittene Gesichtszüge, gepflegte kurze dunkle Haare und braune Augen. Niemals hätte ich ihn mit einer solchen Horror-Mission in Verbindung gebracht. Bei ihm wirkten die Granaten und Schusswaffen unwirklich.
Vier Stunden waren vergangen. Meine Arme brannten wie Feuer, ich wusste nicht mehr, wie ich sie länger halten sollte, bloß nicht schwächeln, dachte ich und versuchte, sie wenigstens auf der Sitzlehne vor mir ab zu stützen, doch dann fiel mein Kopf nach vorne, also wieder hoch, den Schmerz einfach aushalten, es war unerträglich.
Die Stille in der Maschine war unheimlich, beklemmend wie die Angst, die greifbar über allem schwebte.
Keiner von uns wusste, wo die Reise nun hin ging, die Rollos hatten wir runterziehen müssen, nach und nach verlor ich jedes Zeitgefühl.
Niemand hatte in den letzten Stunden die Toilette besuchen dürfen, viele rutschten unruhig auf ihren Sitzen hin und her. Auch ich wusste langsam nicht mehr, wie ich das noch aushalten sollte.
Plötzlich erschien Mahmud wieder im hinteren Teil der Maschine. Allein sein Anblick ließ mich zusammen zucken und dann ging es wieder los. Ohne Grund brüllte er auf uns ein, diese dunkle, aggressive, nun fast heisere Stimme, immer kurz vor dem Überschlagen, bohrte sich in meinen Kopf. Er lief durch den Gang, fuchtelte mit seiner Pistole herum und hielt sie immer wieder einzel-

nen Passagieren an den Kopf, es war der Horror. Dieser drohende, fanatische Ausdruck in seinem hageren, fast abgezehrten Gesicht mit den dicken dunklen Augenbrauen, umrahmt von wildem schwarzem Haar, war an sich schon Angst einflößend. Seine Stimmungen wechselten oft von einer Sekunde zur anderen, damit wurde er für uns völlig unberechenbar, und das machte ihn so gefährlich.
So auch jetzt. Nachdem er seine Einschüchterungstour durch den Gang beendet hatte, ließ er die Stewardess Gaby Dillmann übersetzen, wer auf Toilette müsse, solle sich melden. Zögernd gingen ein paar Hände hoch, viele trauten sich einfach nicht. Mahmud entschied prinzipiell aus reiner Willkür. Gingen 30 Hände hoch, so durften vielleicht 10 oder 12 Passagiere dann tatsächlich gehen.
Er ging dann auf diejenigen zu, schaute sie sich ganz genau an und entschied: du ja, du nein.
Ich wartete erst mal ab, dann meldete ich mich doch, weil es einfach nicht mehr auszuhalten war. Die Dicke begleitete mich und blieb mit ihren Handgranaten im Anschlag vor der Tür der Bordtoilette stehen. Ich war froh und in mehrfacher Hinsicht erleichtert, als ich danach wieder auf meinem Platz neben Simone angekommen war.
In der Zwischenzeit war unsere Maschine gelandet. Von einer der Stewardessen erfuhren wir, dass es Rom sei. Entgegen meinem Bauchgefühl machte sich doch ein kleiner Funke Hoffnung breit, dass sich jetzt und hier etwas Entscheidendes tun würde, dass unser Martyrium vielleicht

hier doch einen guten Ausgang nehmen könnte.
Flüsternd tauschte ich diesen Gedanken mit Simone aus, doch nichts geschah. Nach kurzer Zeit hob die „Landshut“ wieder ab. Die Mischung aus Ohmacht, Ungewissheit und Angst nahm überhand.

Nach ungezählten Stunden durften wir endlich die Hände herunter nehmen. Meine Muskeln waren steif und brannten, mein ganzer Oberkörper war verspannt und schmerzte. Draußen wurde es langsam dunkel, das war das Einzige, das wir durch die geschlossenen Rollos erkennen konnten.
Solange Mahmud sich im vorderen Teil der Maschine aufhielt und für uns nicht sichtbar war, unterhielten sich manche Passagiere leise flüsternd mit ihren Sitznachbarn. Unsere beiden Bewacher, die Dicke und der Hübsche, ließen es zu, ohne jedoch auch nur für eine Minute in ihrer Wachsamkeit nachzulassen, ihre Finger verharrten Stunde um Stunde auf den Sicherungsringen ihrer Handgranaten. Sie erschienen mir manches Mal wie tickende menschliche Zeitbomben, ein gespenstisches Szenario.
Wir waren erneut gelandet und nach kurzer Zeit wieder weitergeflogen, es interessierte mich nicht mehr, ich hatte Hunger, Durst, ich hatte Angst, aber keine Hoffnung auf ein baldiges Ende. Als es anfing zu dämmern, wurde ich

unruhig. Weder Simone noch ich hatten eine Uhr, aber mir war klar, die Zeit, in der wir unter normalen Umständen zu Hause gelandet wären, war bestimmt längst überschritten.
Meine Eltern – würden sie es schon gemerkt haben, dass ich nicht angekommen war, hatte man sie benachrichtigt, wussten sie, wo ich war, wie würden sie reagieren, würde ich sie jemals wieder sehen und wenn nicht, würden sie wenigstens erfahren, wo und wie ich gestorben war?
Die Fragen und Gedanken explodierten in meinen Kopf, es hörte nicht auf, es gab keinen Ausweg, irgendwann verfiel ich in einen apathischen Zustand.
Meine Eltern wohnten in dem kleinen Örtchen Daubringen in Hessen, nahe der Universitätsstadt Gießen.
Während meine Geschwister, der 17-jährige Markus, der 14-jährige Thorsten und die ein Jahr jüngere Stefanie noch zu Hause lebten, hatte ich im Januar den Schritt in die Freiheit gemacht und in Gießen eine kleine Wohnung für 174 DM Miete im Monat gefunden. Meine Eltern waren zwar von der Idee wenig begeistert, aber mein Vater hatte mir schließlich geholfen, die Wohnung zu finden und hatte mir dann sogar die Einrichtung bezahlt.
Zusammenhalt war und ist in unserer Familie sehr wichtig, und wir hatten alle ein gutes und enges Verhältnis miteinander aber meine Eltern konnten auch sehr streng sein. Natürlich wollte ich, wie viele andere in meinem Alter, endlich mal raus ins Leben, keine Kontrollen, keine Er-

mahnungen, wenn ich spät nach Hause kam oder morgens mal verschlief.
Meine Eltern hatten jedoch ganz geschickt die Kontrolle mit meinem Auszug nicht völlig aus der Hand gegeben. So lag meine erste eigene Wohnung direkt gegenüber der meiner Oma, die ich heiß und innig liebte. Sie war damals Anfang sechzig, für mich ein biblisches Alter, und hatte nicht mehr sehr viel zu tun. So konnte sie mich und mein Treiben wunderbar im Blick behalten und natürlich meinen Eltern Bericht erstatten. In den ersten Monaten hatte sie dann tatsächlich auch ihren Posten am Fenster bezogen und sogar notiert, wann ich ging und wann ich kam. Das hatte aber in letzter Zeit schon deutlich nachgelassen.

Da saß ich nun, wie festgenagelt in dem Sitz dieser verdammten Maschine, und mir wurde klar, dass natürlich meine Oma sicherlich an diesem Abend die erste war, die bemerkte, dass etwas nicht stimmte. Sie war bestimmt in Panik geraten und würde vor Angst krank werden. Der Gedanke machte mich wahnsinnig und wütend zugleich. Ich konnte mir nicht helfen und ich konnte auch meiner Oma nicht helfen. Genau in diesem Moment, in dieser schrecklichen Nacht bekam sie sicher kein Auge zu. Sie und meine Eltern dachten nun bestimmt, ich sei auf Mallorca irgendwie unter die Räder gekommen. Keiner

wusste, wo ich war. Ich steigerte mich in diesen Gedanken derart hinein, dass mir überhaupt nicht in den Sinn kam, dass es wahrscheinlich war, dass die Lufthansa oder auch die Bundesregierung unsere Angehörigen längst verständigt hatte.
Als die Reifen der „Landshut" mit einem sanften Rucken die Landebahn berührten, wurde ich wach. Erstaunt stellte ich fest, dass die Erschöpfung trotz allem doch ihren Tribut gefordert hatte und ich, wie einige andere Passagiere auch, ein wenig eingeschlafen war.
Ich wusste nicht wie lange. Mein erster Blick richtete sich nach vorne und wie befürchtet, standen unsere beiden Bewacher da, wie zuvor, mit wachem Blick, die Hände an den Waffen, keine Anzeichen von Müdigkeit. Es war also wirklich kein Albtraum. Nein ich war zurück in meiner, in unserer albtraumhaften Realität. Ich drehte meinen Kopf zu Simone hin, ihre Augen waren geschlossen, vielleicht schlief sie tatsächlich. Ich gönnte es ihr von ganzem Herzen denn jede Sekunde, die man aus dieser Hölle wegtauchen konnte, war nicht mit Geld zu bezahlen.

14. Oktober
Ein Albtraum ohne Erwachen

Die Maschine kam langsam zum Stillstand. Durch die geschlossenen Rollos war zu erkennen, dass es draußen hell wurde. Es musste also früher Morgen sein. Der Morgen des 14. Oktobers 1977. Wo waren wir? Ich hatte keine Ahnung, doch das sollte sich bald ändern.

Seit vielleicht 17 Stunden hatten wir nichts mehr zu essen oder zu trinken bekommen. Mein Hungergefühl hatte sich schon komplett verflüchtigt, doch ich hatte schrecklichen Durst. Ich war total ausgetrocknet. Meine Lippen rau und aufgerissen. Simone ging es ebenso.
Plötzlich kam Bewegung in die Kabine. Unsere Bewacher, der Hübsche und die Dicke, traten zur Seite und ließen in den Gängen jeweils eine Stewardess durch, die aus einem Servierwagen tatsächlich Essen und Trinken verteilte. Wir bekamen ein paar Salzstangen, ein kleines Baguette und eine Banane. Und nun wussten wir auch endlich, wo wir waren. Auf den Kartons, in denen unsere Mahlzeit verpackt war, stand „Airport Dubai". Nicht, dass mir nun

wirklich klar gewesen wäre, wo genau auf der Welt wir gelandet waren, aber ich wusste, es war verdammt weit weg von zu Hause und wohl ein arabisches Land, und allein dadurch fühlte ich mich noch ausgelieferter als zuvor.
Ich beobachtete aus meiner Reihe die anderen Passagiere beim Essen. Viele schlangen das Wenige, was in den Kartons war, in sich hinein, als würde es danach nie wieder etwas geben. Vielleicht war es ja auch so, dachte ich. Aber weil ich immer auf meine Figur achtete, war ich sowieso kein besonders guter Esser. Ich konnte auch nicht ganz verstehen, wie man in dieser Situation, überhaupt an Essen denken konnte. Ein echtes Erlebnis dagegen war dieser kleine Plastikbecher mit Wasser. Kaum zu glauben, aber ich war nach diesen vielen Stunden so ausgetrocknet, dass mir dieses Wasser als das absolut Beste erschien, das ich je in meinem Leben getrunken hatte. Ich nahm immer einen kleinen Schluck, befeuchtete meine aufgesprungenen Lippen und ließ dieses köstliche Nass ganz langsam die ausgetrocknete Kehle hinuntergleiten.
Dass unsere Entführer uns nun doch versorgten, werteten viele der Passagiere als gutes Zeichen. Nach all den Stunden der Stille und Erstarrung entspannte sich die Situation ein wenig. Leise Gespräche wurden geführt, einige blasse Gesichter bekamen wieder etwas mehr Farbe und ein kleiner Hauch von Normalität und Hoffnung schien sich an diesem frühen Morgen in der Kabine auszubreiten, dem zweitem Tag unserer Entführung.

Mit einem heftigen Ruck wurde plötzlich der Vorhang zur ersten Klasse aufgerissen und Mahmud stürmte in die Kabine. Er hatte vermutlich kein Auge zugetan, übernächtigt und mit einem beginnenden Drei-Tage-Bart sah er nun noch dunkler und bedrohlicher aus als sonst. Triumphierend und rasend zugleich hielt er jetzt einen Mont Blanc-Kugelschreiber in die Höhe, in der anderen Hand hatte er einen einzelnen Ausweis. Offenbar hatte er gemeinsam mit der hübschen zierlichen Araberin. „Der Kleinen", wie wir sie nannten, die kaum von seiner Seite wich und ihn sehr zu bewundern schien, unser Handgepäck, das sie in der ersten Klasse verstaut hatten, durchwühlt und dabei den Kugelschreiber gefunden.

Mahmud ging durch die Reihen und verglich dabei immer wieder das Foto auf dem Ausweis mit den Gesichtern der Passagiere. Mir wurde Angst und Bange, was wollte er damit nur bezwecken? Irgendetwas würde passieren, man konnte es förmlich spüren.
Abrupt blieb er dann vor einer Sitzreihe stehen und zog eine Frau um die 30 mit halblangen, blonden Haaren aus dem Sitz, neben ihr saß offensichtlich ein Kind, ich konnte es nicht genau erkennen.
Er hielt den Kugelschreiber nah vor ihr Gesicht und fragte immer wieder laut und lauter, was das sei. „It´s a pen", ein

Kugelschreiber, antwortete die völlig verängstigte Frau mit zitternder Stimme. Doch es nutzte nichts. Mahmud zeigte auf den eingestanzten Stern auf der oberen Hälfte des Kulis. „It´s a Montblanc“, sagte die Frau und versuchte ihm verzweifelt zu erklären, dass der Stern das Markenzeichen der Firma sei. „No it´s jewish, you are jewish!“, schrie Mahmud und schubste sie durch den Vorhang in die erste Klasse.

Wir konnten nichts mehr sehen, hörten aber sein unablässiges Schreien. Sie solle endlich zugeben, dass sie Jüdin sei, brüllte er und dann hörte man ein schreckliches Klatschen, er musste ihr mit der flachen Hand ins Gesicht geschlagen haben. Dann ein dumpfer Aufprall. Es war grauenhaft. Weil ich nichts sah, ging die Fantasie mit mir durch. Wieder ein Schlag, noch ein dumpfer Aufprall. Ich sackte in meinem Sitz zusammen, mein Herz schlug bis zum Hals. Der Wahnsinnige würde die Frau erschlagen, nur weil sie einen Montblanc-Kuli besaß. Wir hörten die Frau weinen, ihn brüllen und dann diese Schläge, am liebsten hätte ich mir die Ohren zugehalten.

In unserem Teil des Fliegers herrschte wieder diese Totenstille, nur unterbrochen von seinem Gebrüll, von seinen Schlägen und dazwischen verzweifeltes Weinen.

Das Ganze dauerte vielleicht fünf bis 10 Minuten, mir kam es vor wie eine Ewigkeit. Dann ging der Vorhang wieder auf. Ich schaute wie gebannt dorthin, wie hypnotisiert und dann kam sie. Schwankend bewegte sie sich wieder zu ihrer Sitzreihe. Das blonde Haar zerzaust, die Augen vor Schrecken weit aufgerissen, verängstigt, panisch. Schnell senkte sie den Kopf, wischte sich die Tränen vom Gesicht, richtete sich wieder auf. Vielleicht war es ihr peinlich, aber bestimmt wollte sie nicht, dass ihr Sohn, der auf seinem Platz gewartet hatte, sie so sah. Sie setzte sich neben ihn und der Kleine, vielleicht zehn Jahre alt, legte tröstend den Arm um sie.

Die Angst vor diesem Mann und seiner Unberechenbarkeit wuchs mit jedem seiner Auftritte. Wieder war eine Grenze überschritten. Wenn er einmal schlägt, dann tut er das immer, dachte ich mit Schrecken, während das furchtbare Geräusch dieser Schläge immer wieder in meinem Kopf hallte. Mit dieser Aktion hatte uns Mahmud seine Macht noch einmal vor Augen geführt. Es lag in seiner Hand, wen er sich wann rauspickte und was er dann mit ihm machte. Seiner Willkür waren keine Grenzen gesetzt. Niemand konnte uns helfen. Wie sich das anfühlt, sollte ich nur zwei Tage später am eigenen Leib erfahren.

Uns wurde ebenfalls schnell klar, dass er, der Anführer des Terrorkommandos, diese fast schon sadistischen Ausbrüche, wie auch das stetige Schreien und Drohen als Ventil für seinen eigenen angespannten und zusehends übernächtigten Zustand brauchte. Sobald die Stimmung unter den Passagieren nur ein wenig entspannter war, was auch immer das unter diesen Umständen hieß, schaffte er es, uns erneut in Angst, in Todesangst zu versetzten. So berichtete er immer wieder, ein von ihm gestelltes Ultimatum sei abgelaufen, ohne dass die Bundesregierung reagiert habe. „Euer Land verrät Euch, niemand kümmert sich um Euch, ihnen ist es egal, ob Ihr leben oder sterben werdet", das waren immer wiederkehrende Drohungen, die auch bei mir ihre Wirkung nicht verfehlten.

Noch vor diesem Auftritt am frühen Morgen hatten sich unsere Peiniger umgezogen. Sie traten jetzt unisono in roten, weiß gesäumten T-Shirts mit dem berühmten Abbild Che Guevaras auf.

Die Stewardessen hatten unsere Essensreste bereits abgeräumt, Mahmud war zu unserer großen Erleichterung wieder in Richtung Cockpit verschwunden, da bahnte sich schleichend die nächste Katastrophe an. Die Klimaanlage war ausgefallen, offenbar weil unser Flieger keinen Treibstoff mehr hatte.

In der Kabine stieg die Temperatur unaufhörlich an. Mir rann der Schweiß über Gesicht und Körper. Bald fingen die ersten Passagiere an, ihre Hemden und Pullover, einer sogar seine Hose auszuziehen. Simone hatte eine langärmelige weiße Bluse an, die sie jetzt in Streifen riss. Zunächst fand ich das noch unsäglich peinlich, dass dort plötzlich Männer in weißen Feinripp-Unterhemden saßen und Frauen sich die Bluse aufknöpften. Wenig später drehten sich auch meine Gedanken nur noch darum, wie ich es schaffen könnte, meine enge Jeans aufzureißen, um wenigstens etwas Luft an meinen schweißgebadeten Körper zu bekommen.

Die Luft in der Maschine war zum Schneiden, mit jedem Atemzug funkte meine Lunge SOS, denn das Gemisch aus Schweißgeruch und abgestandener Luft brachte keine Erleichterung. Unsere Welt war nun schon seit zwei Tagen auf die Kabine, eigentlich nur auf den eigenen Sitzplatz und das Wenige, was man von dort aus sehen konnte, beschränkt. In diesem Moment drehten sich alle Gedanken nur noch um den nächsten Atemzug.
Da fast jedes noch so leise Gespräch von unsere Bewachern mit einem scharfen Blick, einem Ellbogenstoß oder einer Drohung quittiert wurde, verständigte ich mich mit Simone nur über Augenkontakt, doch nun saßen wir apathisch in unseren Sitz, unfähig das Leben als etwas anderes wahrzunehmen als eine Aneinanderreihung von Atemzügen.
Wenige Sitzreihen vor uns kippte eine ältere Frau einfach aus ihrem Sitz in den Gang, sie war ohnmächtig geworden. Die Dicke und der Hübsche reagierten sofort: „Alle bleiben sitzen, keiner steht auf!“ Sie ließen eine der Stewardessen zu der Frau, die kaum ansprechbar war. Wie

fast immer war es die blonde Gabi Dillmann, die es oft als einzige wagte, auch entgegen der Anweisung unserer Peiniger, den Passagieren zu helfen oder uns flüsternd mit Informationen zu versorgen, die sie vorne im Cockpit aufgeschnappt hatte.
Ich bewunderte diese Frau, die vielleicht fünf bis acht Jahre älter war als ich. Obwohl auch ihr oft der Schrecken ins Gesicht geschrieben stand, war sie immer präsent, strahlte Ruhe und Zuversicht aus, versuchte zu helfen und zu trösten, wo es ging und wurde dadurch für uns ein Rettungsanker, eine zuverlässige Anlaufstelle in diesem Katastrophenstrom. Manches Mal hätte ich mich am liebsten wie ein Kind an ihren Rockzipfel gehängt, und mich darauf verlassen, dass sie mich hier heil heraus bringt. Die Frau im Gang murmelte etwas Unverständliches, als sich Gabi Dillmann über sie beugte. Daraufhin setzte sich die Stewardess einfach hinter sie in den Gang, bettete ihren Kopf auf den Schoß und sprach langsam und beruhigend auf sie ein.
Es war bereits gegen Abend, die Temperatur in der Maschine war auf beinahe 50 Grad angestiegen, Simone war nicht mehr ansprechbar. Es gab auch nichts zu sagen, wir waren einfach nur mit Aus- und Durchhalten beschäftigt. Der Sitz unter mir war feucht vor Schweiß, meine Beine juckten unerträglich, die Feuchtigkeit konnte durch den dicken Jeansstoff nicht verdunsten. Vor Stunden hatte ich bereits den weißen Kopfstützenschoner von meinem Sitz

abgezogen und mir damit den Schweiß abgewischt. Doch der war nun auch vollgesogen.
Das stundenlange Ausharren in dieser unerträglichen Hitze hatte sogar bei unseren Entführern Spuren hinterlassen. Sie wurden unruhig, nach und nach wich die maskenhafte Entschlossenheit aus ihren Gesichtern, offensichtlich wurde ihnen klar, dass sich dieses Problem nicht mit Handgranaten und Revolvern lösen ließ.
Draußen war es schon dunkel geworden, als immer mehr, vor allem ältere Passagiere, in ihren Reihen zusammen klappten. Ohne etwas zu trinken versagte in dieser Hitze bei vielen der Kreislauf. Es war eine der wenigen Gelegenheiten, bei denen Mahmud nicht als unberechenbares Schreckgespenst erschien, sondern als Helfer. Er befahl den Stewardessen, die Bordtüren vorne und hinten zu öffnen und half sogar eigenhändig, die halb bewusstlosen Passagiere an die geöffneten Türen zu bringen, damit sie Luft bekamen.
In der Kabine sorgte der Luftstrom nur für minimale Erleichterung. Irgendwann in dieser zweiten Nacht hörten wir draußen Motorengeräusche und Wortfetzen einer Verhandlung, die offenbar Mahmud aus der vorderen Bordtür heraus führte: Die Maschine wurde endlich aufgetankt.
Als die Klimaanlage wieder ansprang, besserte sich die Stimmung in der Kabine. Alle atmeten im wahrsten Sinne des Wortes auf, obwohl es noch unendlich lange dauerte, bis die Luft tatsächlich frischer und die Temperatur erträglicher wurde.

15. Oktober

Die zwei Gesichter des Terrors

Nach dieser körperlichen Tortur fiel ich in einen leichten Dämmerschlaf und erwachte erst wieder, als es draußen schon hell war und aus der ersten Klasse plötzlich das heisere Schreien des Terrorchefs drang.
Ich riss die Augen auf, Adrenalin strömte durch meinen Körper, jeder Nerv schien allein beim Klang dieser Stimme schlagartig bis zum Zerreißen gespannt.
Der Vorhang zur Economy wurde ruckartig zur Seite gezogen und der Copilot, Jürgen Vietor, taumelte in die Kabine, gestoßen von Mahmud, der mit seinem gezogenen Revolver auf den dunkelblonden Mann mit dem aschfahlen Gesicht zielte. Dieses Gesicht verriet Todesangst.

Mahmud stieß ihn in einen freien Sitz. Mit einer Armbanduhr, die offensichtlich dem Copiloten gehörte, lief er durch den Gang, hielt sie immer wieder einzelnen Passagieren vor die Nase und fragte: „Ist das eine jüdische Uhr?“. Manche schüttelten den Kopf, andere verkrochen sich einfach in ihren Sitzen oder zuckten mit den Schul-

tern. Dann musste sich Vietor mit erhobenen Händen in den Gang stellen.
Der etwa 30-Jährige war kalkweiß wie die Wand, er flehte um sein Leben, immer wieder. Doch Mahmud hob seine Pistole und zielte auf den Kopf des aufgelösten, wehrlosen Mannes. Ohne Rücksicht auf die eigene Sicherheit redete jetzt auch unser Flugkapitän Jürgen Schumann auf den hasserfüllten Terrorkommandeur ein. Der große, attraktive Mann Ende 30 rief: „Tun Sie es nicht, Captain".
Daraufhin sagte Mahmud etwas zu Vietor, das ich nicht verstand. Vietor antwortete nur, jetzt mit fester Stimmen, als hätte er mit dem Leben abgeschlossen: „Ich weiß es wirklich nicht, Captain Mahmud". Plötzlich ließ Mahmud die Pistole sinken, gab Vietor die Uhr und befahl ihm, sie kaputt zu machen. Getrieben von dieser Chance, vielleicht doch zu überleben, trampelte der Copilot wie ein Besessener auf der Uhr herum, doch der Teppichboden gab zu sehr nach, die Uhr blieb ganz. Mahmud verschwand, um kurz darauf mit einer Notfallaxt wieder aufzutauchen. Damit zerschmetterte er die Uhr auf einer Sitzlehne und gab sie dem geschockten Copiloten als „Souvenir" zurück.
Totenstille lag über der Kabine. In diesem Moment war ich mir sicher, keiner von uns würde hier lebend rauskommen. Wir alle würden in unseren Sitzen sterben, ein fliegender Sarg voller Leichen.
Als nur wenig später Mahmuds heisere Stimme aus den Bordlautsprechern dröhnte, geriet ich sofort wieder in Panik.

Jedesmal versuchte ich mich irgendwie vorzubereiten, zu wappnen für die nächste Drohung, die nächste politische Hasstirade oder einen neuen sadistischen Akt, doch es kam ganz anders.
Weil ich kaum etwas verstand, schaute ich Simone fragend an. Sie begann zu übersetzen, was Mahmud von sich gab. Er erklärte uns nahezu freudestrahlend, dass eine der Stewardessen, die ich nicht sehen konnte, Geburtstag habe. Deshalb habe er Kuchen und Sekt bestellt, damit wir alle feiern könnten.
Ich traute meinen Ohren nicht. War das auf einmal ein anderer Mensch oder war er jetzt völlig verrückt geworden? Aber nein: Selbst mit dieser absurden Wandlung vom Scharfrichter zum wohlwollenden Gönner demonstrierte der Palästinenser in gewohnter Manier seine Macht. Er gefiel sich nun sichtlich in der Rolle des großzügigen Captains, der es schaffte, selbst in dieser Ausnahmesituation eine Geburtstagstorte zu ordern und damit ein Fest zu arrangieren: weil er es so wollte und weil sowohl drinnen als auch draußen im Flughafen alle nach seiner Pfeife tanzten. Es war widerlich.
Kurz darauf stand er geradezu triumphierend mit einer weißen Sahnetorte, auf der ein paar Kerzen brannten, im Durchgang zur ersten Klasse, damit sie jeder sehen konnte. In weißen Plastikbechern wurde ein halber Schluck Sekt an die Passagiere ausgeteilt. Von der Torte kam bei uns hinten nichts mehr an.

Tatsächlich fingen nun viele an zu klatschen und sangen von Mahmud ermuntert „Happy Birthday".

Mir drehte sich der Magen um, wie konnte man diesen Mann hofieren, der gerade zuvor einen von uns mit dem Tod bedroht hatte? Der einem im nächsten Moment aus reiner Willkür ins Gesicht schlug oder die geladene Pistole an den Kopf hielt. Alles in mir wehrte sich dagegen, nach diesem kleinen Zipfel scheinbarer Normalität oder wenigstens Abwechslung zu greifen. Ich wollte mich davon nicht einfangen lassen, seine Spielchen mitzuspielen.
Immer wieder stellte ich mir vor, was die Entführer und besonders er bereits getan hatten. Für mich gab es in diesem Moment nur schwarz oder weiß, nur gut oder böse, und Mahmud war böse! Die Passagiere, die nun klatschen und sangen, empfand ich als Verräter.

Es war der Geruch, der immer schlimmer wurde, der einen immer flacher atmen ließ. Der Geruch, der einen besonders dann peinigte, wenn man glaubte, verschnaufen zu können, wenn gerade nicht alle innerlichen Zeichen auf Alarm standen, die Todesangst, die ständig im Hin-

tergrund mitschwang, eben mal für kurze Zeit dort blieb und nicht durch weitere Aktionen unserer Peiniger das Denken bestimmte.
An diesem dritten Tag unserer Entführung hatte ich morgens erschreckt und peinlich berührt eine Passagierin beobachtet, die an uns vorbei durch den Gang eskortiert wurde, weil die Entführer ihr gestattet hatten, die Toilette zu benutzen. Auf ihrem leichten, beigefarbenen Sommerrock hatte sich hinten ein handtellergroßer Blutfleck ausgebreitet. Ich stupste Simone an, um sie darauf aufmerksam zu machen und flüsterte ihr zu: „Wie peinlich, jetzt kann jeder sehen, dass die ihre Periode hat."

Mein Schamgefühl war zu dieser Zeit sehr ausgeprägt und die Vorstellung, an ihrer Stelle zu sein, war für mich so außerordentlich peinlich, dass ich nicht mal darüber nachdenken wollte.
Doch die Frau mit dem beigefarbenen Rock war nicht die einzige. Da wir alle unser Handgepäck gleich am Anfang abgeben mussten, bekamen vor allem viele der jüngeren Frauen plötzlich ihre Periode, weil sie keine Antibabypille mehr nehmen konnten, und natürlich auch vor Aufregung. An Binden oder Tampons, war nicht zu denken und die Toilettenbesuche waren, wenn es hochkam, einmal am Tag, manchmal aber auch gar nicht erlaubt. Nach und

nach nahmen unsere gepolsterten Sitze das auf, was wir nicht mehr einhalten konnten.
In der vergangenen Nacht war das zunächst völlig Undenkbare auch mir passiert. Kein Toilettengang in Sicht, aus lauter Angst überhaupt in das Visier unserer Bewacher zu geraten, hatte ich mich auch in größter Not nicht getraut, den Finger zu heben und zu fragen. Als ich Simone meine Lage gestand, kam von ihr nur, nahezu gleichgültig: „Lass es einfach laufen, ich hab´s auch schon gemacht". Das erste Mal war das schlimmste. Diese Peinlichkeit, der Geruch, der nasse Sitz, die klamme Hose, die dann nur noch so an einem klebte, die Haut, die zu jucken begann und unter der ständigen Feuchtigkeit wund wurde.
Es war einfach entwürdigend, ekelhaft, unerträglich – dachte ich. Am Abend dann bekam auch ich meine Periode und ich lernte nur allzu schnell, dass Schamgefühl ein Luxus ist, den man sich im Angesicht von Tod und Terror nicht leisten kann.
Der Geruch aus Schweiß, Urin und Fäkalien verwandelte die Kabine spätestens an diesem Tag in eine fliegende Kloake, aus der es kein Entrinnen gab. Flach atmen, durchhalten, am Leben bleiben.

Am späten Nachmittag fing es an und der Vorfall sollte uns die ganze Nacht über in Atem halten. Irgendwann an diesem Tag hatten die Entführer uns umgesetzt, es gab keinen besonderen Grund. Ich saß jetzt nicht mehr direkt neben Simone, sondern war in der gegenüberliegenden Sitzreihe, erneut am Gang, so dass wir beide wenigstens noch Blickkontakt hatten und uns in einem von unseren Bewachern weitgehend unbeobachteten Moment auch noch flüsternd über den Gang hinweg verständigen konnten. In meiner neuen Sitzreihe waren zum Glück für mich bekannte Gesichter: das holländische Pärchen Gerry und Helma, beide Anfang 20.
Die zierliche, sehr gepflegte und eher stille und zurückhaltende Holländerin war auch eine der Schönheitsköniginnen auf Mallorca gewesen und hatte mit uns diese ausgelassene Woche verbracht.
Eine ungemein hübsche junge Frau, mit langen blonden Haaren, immer fein und adrett gekleidet, kaum geschminkt und alles andere als ein männermordender Vamp. Während wir in wilden Nächten auf dem Tisch getanzt hatten, hatte sie eher still genossen und zugeschaut.
Sie hatte bei dieser Reise ihren Verlobten Gerry mitgebracht und wahrscheinlich vorher nicht bedacht, wie anstrengend es sein kann, wenn um den Mann, den man liebt, eine Woche lang ständig sieben andere Schönheitsköniginnen herum tanzen und die eine oder andere ihm auch schöne Augen macht.

So manches Mal hatte Helmas Eifersucht da für einen handfesten Streit gesorgt, den Simone und ich kaum überhören konnten, denn wir hatten das Zimmer neben ihnen. Letztendlich hatten sich die zwei immer wieder zusammen gerauft und waren dann sicherlich froh, als die Woche vorbei war.
Mit Gerry waren wir alle gut ausgekommen. Er war ein offener, umgänglicher und sehr unkomplizierter Typ, der durchaus auch mal gerne heftig gefeiert hat, sich wegen Helma aber immer etwas zurück hielt. Er war ein hübscher Mann. Ein für einen Holländer auffallend dunkler Typ mit dunkelbraunem, leicht gewelltem Haar und einem Oberlippenbart.
Er und Helma waren nicht nur optisch ein harmonisches Paar. Das war besonders in dieser Katastrophensituation zu spüren, in der sie einander Halt und Ruhe gaben, ganz im Gegensatz zu manch anderen Paaren, bei denen innerhalb dieser Ausnahmesituation zu beobachten war, wie die Fassade ihrer Beziehung förmlich in sich zusammen brach.
Ich war jedenfalls sehr froh, dass ich nicht neben mir fremden Menschen sitzen musste, auch wenn wir uns natürlich wenig unterhalten konnten. Unsere Bewacher wurden zusehends unberechenbarer. Der Schlafmangel machte ihnen zu schaffen und manches Mal war es nur ein leise geführtes Gespräch, das besonders bei der Dicken zu einem ihrer berüchtigten sadistischen Tobsuchtsanfäl-

le führte. Mit vor Zorn blitzenden Augen marschierte sie dann durch den Gang, eine Handgranate drohend in der erhobenen Hand, taxierte manche Passagiere mit bösem Blick und schlug unvermittelt und völlig willkürlich mit der Faust, der Handgranate oder auch dem Knauf ihrer Pistole zu. Dann ging sie weiter, als wäre nichts geschehen. Offenbar brauchte sie das, um ihre eigene Anspannung abzubauen.

Ich hatte immer Angst vor ihrer Brutalität, ihrer Unberechenbarkeit und auch vor der entwürdigenden Situation, einer solchen Frau wehrlos ausgeliefert zu sein. Sie schaffte es, ähnlich wie Mahmud, die rasende Achterbahnfahrt der Gefühle aus plötzlicher Todesangst, Ungewissheit, Schrecken und Phasen der scheinbaren Entspannung stets am Laufen zu halten.

Und nun drohte die nächste Eskalation. In der Reihe vor uns saß ein altes Ehepaar. Irgendwann spät an diesem Nachmittag stand der grauhaarige Mann unvermittelt auf und sagte laut zu seiner erschrockenen Frau: „Komm, ich will meinen Mantel jetzt anziehen, wir gehen nach Hause“. Wie aus dem Nichts schoss plötzlich Mahmud durch den Gang auf die Sitzreihe zu. Er stieß dem alten Mann den Ellbogen in die Seite und schrie „Don´t move, don´t speak.“ Dann drückte er ihn mit aller Gewalt in den Sitz, wartete ab, was geschah und als es ruhig blieb, ging er wieder. Wir waren wie gelähmt in unseren Sitzen erstarrt und versuchten, gerade wieder Luft zu holen, als der alte Mann

erneut aufstand. Offensichtlich war er sich seiner Situation überhaupt nicht bewusst und anscheinend war ihm auch nicht klar, wo er war. Wieder verlangte er von seiner Frau seinen Mantel. Mahmud kam zurück, mir schlug das Herz bis zum Hals, was würde geschehen? Würde er sich jetzt tatsächlich an diesem alten Mann vergreifen?
Der Terrorchef hielt ihm jetzt eine Pistole an den Kopf und schrie auf ihn ein. Erst als er sah, dass der Mann überhaupt nicht reagierte, wurde auch ihm klar, dass er irgendwie weggetreten und in einer ganz anderen Welt war.
Er ließ von ihm ab und befahl der alten Dame, sie solle gefälligst aufpassen, dass ihr Mann nicht wieder aufsteht. Von nun an hielten unsere beiden Bewacher, die Dicke und der Schöne, den Mann verstärkt unter Beobachtung. Gerry, Helma und ich waren nicht nur erschrocken, wir hatten panische Angst auch um unser Leben, denn wenn der alte Mann weiter Ärger machte und Mahmud irgendwann tatsächlich ausrasten sollte, dann saßen wir direkt dahinter. Wir vereinbarten, sozusagen Wache zu schieben: Sollte der verwirrte Mensch vor uns noch mal aufstehen, dann wollten wir ihn schnell festhalten und wieder in den Sitz drücken.

Unsere Nerven waren gespannt wie Drahtseile. Irgendwann fing der alte Herr an, mit den Fingernägeln auf dem ausgeklappten Bordtisch zu kratzen. Das Geräusch war grauenhaft. Gerry war kurz davor, die Nerven zu verlieren. Er beugte sich nach vorne und herrschte den Mann an, sofort damit aufzuhören.

Der reagierte nicht und machte einfach weiter. Wieder verlangte er nach Hut und Mantel und bat seine Frau, sie solle die Taschenlampe mitbringen, es sei so dunkel hier draußen. Außerdem habe sie vergessen, die Lichter im Haus zu löschen und auch die Tür sei noch auf. Und dann bat er immer wieder, er wolle doch nun bezahlen und endlich nach Hause gehen.

So ging es die ganze Nacht, wieder und wieder. Es kostete uns enorm viel Kraft, ruhig zu bleiben, diesen verwirrten Mann nicht zu hassen, der uns mit seinen Aussetzern ständig in Gefahr brachte, weil er damit die nächste unberechenbare Reaktion der Entführer herauf beschwor. Doch zum Glück und zu unserer großen Erleichterung geschah nichts.

16. Oktober
Den Tod vor Augen

Ich hatte schreckliche Bauchschmerzen. Meine Periode war in vollem Gange. Wegen unserer Wachaktion hatte ich kaum geschlafen und wenn es mir meist auch gelang, den feuchten Sitz zu ignorieren, so gab es doch immer wieder Momente voller Ekel und Abscheu über das, was sich unter mir ansammelte. Der ehemals weiße Kopfstützenschoner, den wir nur noch das „Läppchen“ nannten, hatte seit Tagen unseren Schweiß aufgefangen, nun waren auch die ersten Blutflecken drauf. Es war widerlich . Unter diesen Umständen war Hygiene ein Fremdwort. Ich war durch den Schlafentzug manchmal förmlich so erschöpft und weggetreten, dass ich mir damit durchs Gesicht fuhr. Erst als Helma mich darauf aufmerksam machte, dass sich eine rote Blutspur über meine Stirn zog, wurde mir klar, was ich da tat.

Durch die heruntergezogenen Rollos war zu sehen, dass der Tag herauf dämmerte, langsam brach das Sonnenlicht schummrig in die Kabine. Ich wollte nur noch schlafen oder wenigstens dösen, abtauchen ins Vergessen, einfach nicht nachdenken über all das Erschreckende, das Ungewisse und Bedrohliche, das uns umgab.

Ich hatte gerade die Augen geschlossen, als es in den

Bordlautsprechern knackte und kurz darauf die Stimme unserer Stewardess Gaby Dillmann zu hören war. Sie forderte auf Geheiß der Entführer alle Frauen auf, ihre Nylonstrumpfhosen auszuziehen und abzugeben. Alle, die tatsächlich welche an hatten, taten das und dann gingen die Stewardessen, die Dicke und auch die zierliche kleine Terroristin durch die Sitzreihen und sammelten die Strumpfhosen ein.
Was konnte das nur wieder bedeuten? Wir konnten uns keinen rechten Reim darauf machen, aber wieder einmal standen die innerlichen Alarmzeichen auf rot.
Kurz darauf dröhnte erneut die verhasste Stimme aus den Lautsprechern. Mahmud war im Gang zur ersten Klasse aufgetaucht und schrie mit seiner heiseren, sich ein ums andere Mal überschlagenden Stimme ins Mikrofon. Er tobte. Die Maschine werde nicht aufgetankt, obwohl er es mehrfach verlangt habe. Er werde es jetzt noch einmal versuchen, dann müssten wir die Konsequenzen tragen.
Er verschwand nur kurz, offenbar um erneut mit dem Tower in Dubai zu verhandeln, dann war er schon wieder da. Dies sei sein letzter Versuch gewesen, brüllte er heiser, wenn nun nicht aufgetankt würde, dann werde er die ersten Passagiere erschießen, so lange, bis man seinen Forderungen nachkäme.
Gerry, Helma und ich sahen uns an. Ich konnte den Schrecken auf ihren Gesichtern sehen. Ich sah zu Simone rüber, die völlig eingesunken in ihrem Sitz kauerte, bleich und

abwesend. Mahmuds Worte gingen durch Mark und Bein. Ich glaube, keiner an Bord zweifelte zu diesem Zeitpunkt daran, dass er seine Drohung wahr machen würde. Ich konnte und wollte aber nicht glauben, dass diese Menschen da draußen in diesem fremden Land das wirklich zulassen würden. Sie waren doch keine Terroristen, sie konnten das einfach nicht zulassen, sie mussten – nein, sie würden auftanken, ganz bestimmt.

Doch Mahmud war noch nicht zu Ende und seine letzten Worte schienen mit scharfer kalter Klinge die Luft zu durchschneiden: Er werde nun die ersten Passagiere nach vorne kommen lassen. Ende der Durchsage.

Entsetztes Schweigen, Fassungslosigkeit, nackte Angst. All das legte sich körperlich spürbar wie eine schwere Last über die Kabine, dass man daran zu ersticken drohte. Dieser neue Schrecken relativierte all die bisherigen Grausamkeiten und Ängste und schrieb ein neues Kapitel in unserer Horrorgeschichte.
Es war nicht Mahmud, es war der Schöne, der jetzt durch die Reihen ging und die einzelnen Passagiere musterte. Ein

Todesengel, der nun entscheiden sollte, wer leben und wer sterben würde. Langsam näherte er sich unserer Sitzreihe.

Ich spürte es und ich wusste es, ich war mir einfach sicher, dass seine Wahl auf mich fallen würde. Der Gedanke war klar und nüchtern, eingebettet in ein watteweiches, alles umfassendes Schockgefühl. „Jetzt bin ich dran", flüsterte ich Simone über den Gang hinweg zu. Sie bedachte mich mit einem entsetzten, aber zugleich wütenden Blick: „Du spinnst, wie kommst Du denn darauf?".
Eigentlich war es banal. Es war ein Erfahrungswert. Meine halbmexikanische Abstammung hatte mich immer schon zu jemandem gemacht, der optisch Aufmerksamkeit erregte. Meine schwarzen Haare, meine braunen Augen und mein dunkler Teint waren nicht nur im kleinen, hessischen Daubringen auffällig genug, dass mich Menschen aus einer Gruppe meist schnell herausfilterten.
Und so stoppte der Schöne natürlich an unserer Sitzreihe. Er fragte zunächst die blonde Simone nach ihrem Alter. „Ich bin sechzehn."
Wortlos wandte er sich ab und sah zu mir. „How old are you?". „Nineteen", meine Stimme war fest, aber ich hatte das Gefühl, als spräche jemand anderes. „Come on", sagte er und forderte mich auf, mit ihm zu gehen.

Das waren also die Worte, die möglicherweise meinen Tod bedeuteten. Mein Innerstes war von einer Sekunde zur anderen wie eingefroren, schockgefrostet in diesem Moment, der doch da war, aber nicht da sein konnte. Mein Verstand weigerte sich, das zu akzeptieren, das Unbeschreibliche zuzulassen. Ich reagierte nur noch mechanisch.

Ich stand auf, ich fühlte mich dabei schwer wie ein Fels. Mein Gewicht schien untragbar, aber ich funktionierte. Nur ganz im Hintergrund, wie durch Nebel, realisierte ich, dass auch Gerry ausgesucht wurde, mit nach vorne zu kommen. Es hatte in diesem Moment alles keine Bedeutung mehr. Zeit und Raum lösten sich auf, mein Kopf war leer, ich fühlte nichts, es gab kein Echo in mir, alles schien tot, nur meine Beine bewegten sich.
Unmittelbar vor dem Cockpit saß Mahmud. Lässig und herablassend thronte er auf einem Sitz. Vor ihm auf dem Boden kniete bereits unser Flugkapitän Schumann, dann mussten Gerry und ich ebenfalls in die Knie gehen, hinter mir Gaby Dillmann, die Stewardess. Wer würde zuerst sterben, wer zuletzt? Unser geplanter Tod wurde durchnumeriert. Mit sadistischer Freude über dieses neue Machtspielchen vergab der Terrorchef die Nummern.
Ich sollte an zweiter Stelle erschossen werden, Gerry war der erste. Mahmud faselte etwas von einer letzten Frist,

wenn die verstrichen sei, dann müssten wir wiederkommen. Dann eskortierte uns der Schöne zurück zu unseren Sitzen.

Wir waren also noch am Leben, noch. Das war das einzige, was mir durch den Kopf ging. Total erschöpft von dieser nach wie vor nicht greifbaren Anspannung sanken wir in die vertrauten Sitze. Eine Atempause sollte es sein, eine Galgenfrist, von der wir noch nicht einmal wussten, wie lange sie uns vergönnt war.

Als wir zurückkehrten, sah ich aus dem Augenwinkel, wie uns viele der Passagiere anstarrten, uns, die Todgeweihten, die nun doch noch einmal lebend zurückgekehrt waren.

In unserer Sitzreihe saß Helma völlig aufgelöst. Tränen liefen über ihre Wangen, das Gesicht von Angst und Schrecken verzerrt. Von der Helma, die sonst, fast introvertiert, so sicher in sich ruhte, war nichts mehr zu sehen.

So saßen wir nun da in dieser Reihe, die auf einmal unheimlich viel vertraute Sicherheit bot, die uns wieder etwas anonymer einreihte in die Zahl der Passagiere. Hier waren wir nur zwei von vielen Opfern und wir duckten uns weg vor dem was kommen konnte, kommen sollte.

Gerry saß am Fenster, Helma in der Mitte und ich am Gang.

Während sie einfach nicht aufhören konnte zu weinen, voller Angst und Verzweiflung nicht wusste, wohin mit sich, blieben Gerry und ich ruhig und starr. Wir weinten nicht, wir sahen uns auch nicht an. Ich hielt Helmas Hand. In meinem Kopf drehte sich immer nur dieser eine Gedanke:

Die da draußen werden es nicht so weit kommen lassen. Sie können uns nicht sterben lassen. Nicht wegen so ein wenig Sprit, das geht nicht, das darf nicht sein. Ich konnte an nichts anderes denken, nichts sagen, nichts tun.
Wie lange wir da saßen, konnte ich nicht sagen. Alles Zeitgefühl war weg. Ich war wie in einer anderen Dimension, in der sich alles auf das Überleben konzentrierte.
Dann kam sie, die Durchsage: Gerrys Nummer wurde aufgerufen. Er sollte jetzt nach vorne kommen. Helma schrie auf, mit von Tränen erstickter Stimme. Ich hatte Angst, dass sie gleich zusammenbrechen würde.
Wortlos stand Gerry auf, und ging an uns vorbei in den Gang. Sein Gesicht war leichenblass, wie aus Stein gemeißelt, die Augen aufgerissen, aber reglos. Er weinte nicht, er ging einfach. In diesem Moment war ich mir sicher, ihn zu letzten Mal gesehen zu haben. Sie würden ihn nicht rufen, wenn die da draußen aufgetankt hätten, und Mahmud musste nun seine Drohung wahr machen. Gerry würde sterben und ich würde ihm folgen, da war ich mir jetzt ganz sicher. Das letzte bisschen Hoffnung verpuffte wie eine Seifenblase.
Noch immer hielt ich Helmas Hand. Meine Erstarrung löste sich, wir weinten beide. Ich weinte um Gerry und ich weinte um mich. Es war nicht die Angst vor dem Sterben, sondern die Gewissheit, dass der Tod nun unausweichlich war.
Noch immer lief Gerry durch den Gang auf den Vorhang zur ersten Klasse zu, alles schien in Zeitlupe zu laufen, er

ging und ging und kam nicht an. Wir starrten auf seinen Rücken und ich dachte, bitte tu mir den Gefallen und dreh dich nicht noch einmal um, das wäre nicht zum aushalten. Ich wollte auf keinen Fall noch einmal in sein Gesicht sehen müssen. Da war er auch schon am Vorhang angekommen. Der wurde zur Seite geschoben und Gerry war aus unserer Sicht verschwunden. Helma schluchzte laut auf, viele im Flugzeug fingen nun hörbar zu weinen an, es war grausam.
Helma und ich fielen uns in die Arme, die Tränen liefen und hörten nicht auf. Wir klammerten uns aneinander während die Welt um uns herum versank und wir nur noch auf eines warteten: auf den Schuss!
Was passiert da vorne bloß, was machen sie mit ihm? Aus Sekunden wurden Minuten, das Warten auf das Unvermeidliche, das Endgültige war Folter.
Die Zeit verging, nichts geschah, alles blieb still. So still, dass der Atem einzelner Passagiere zu hören war. Ich konnte sehen, wie es auch in Helmas Kopf rotierte, wir sprachen nicht, sahen uns nur an, aus verschwollenen und rot geweinten Augen. Ihr Blick war voller Entsetzen und Fassungslosigkeit. Was konnte geschehen sein? Hoffnung hatten wir in dieser Situation keine.
Dann geschah das Unglaubliche. Der Vorhang bewegte sich, ging auf und wir sahen in Gerrys Gesicht. Offenbar stand er unter Schock. Seine Gesichtsfarbe war wächsern, seine Augen starrten ausdruckslos in eine für uns nicht

sichtbare Ferne, er lief mechanisch, wie eine Marionette an Schnüren gezogen.
Meinen Körper durchzuckte es wie ein Stromschlag: Gerry lebte, er kam zurück, es war vorbei. Klar, sie hatten aufgetankt, alles war gut. Auch ich war damit gerettet, so musste es sein.
Warum aber war nichts von Erleichterung in seinem Gesicht zu sehen? Er war doch dem Tod von der Schippe gesprungen. Warum lief er nicht schneller, warum sah er uns nicht an, was war los?
Jetzt endlich war er bei uns angekommen. Ich sah in sein Gesicht, wollte seine Hand drücken, ihm am liebsten mit Helma um den Hals fallen, doch etwas stimmte nicht.
Für den Bruchteil einer Sekunde trafen seine Augen mein Gesicht, doch als er anfing zu sprechen, ging sein Blick wieder ins Nirgendwo. Dann erledigte er die Aufgabe, die sie ihm vorne aufgetragen hatten: „Ich soll Dir sagen, dass Du die erste bist, die sie erschießen wollen, Du sollst nach vorne kommen, jetzt."
Er überbrachte mir mein Todesurteil! Ich weiß nicht, warum ich nicht einfach zusammen gebrochen bin, ohnmächtig wurde, mich dieser Realität nicht auf dieser Art und Weise entzogen habe. Jeder von uns kennt Situationen im Leben, in denen man Dinge meistert, die man nie für möglich gehalten hätte, sei es körperlich oder psychisch. Irgendwie schafft man es und staunt hinterher darüber, wie das gelingen konnte.

Ich denke, es ist der Schock, der die Sinne und Empfindungen auf das Wesentliche reduziert, alles andere ausblendet und den Menschen auf das bestmögliche Funktionieren konzentriert.
Meine ersten Gedanken waren: Wie grausam, wie können sie ihm, der mich kennt und mag, so etwas auftragen? Er, der gerade ein zweites Mal davon gekommen ist, muss mir nun mein Todesurteil in den Schoß legen. All das war an Sadismus nicht zu überbieten.
Ich stand auf. Mein Blick war auf den Vorhang gerichtet. Ich gab meinen Beinen den Befehl zu laufen. Es begann der Weg, den ich in meinem ganzen Leben nie vergessen werde, der sich eingebrannt hat in meine Seele wie eine Wunde, die nicht vernarben kann. Immer wieder sind es diese wenigen Meter, die sich in meine Träume schleichen, der nie aufhört, die immer wieder von vorne anfangen, ins Nichts führen und keinen Anfang und kein Ende haben.
Ein Teil von mir ist auf diesem Weg, auf der Strecke geblieben, und er hat sich in all den Jahren nicht wieder gefunden. Deshalb ist dieser Weg auch keine von vielen Erinnerungen, sondern viel zu oft gegenwärtig, mit allen Gefühlen und Ängsten, die ihn säumten.
Ich ging. Der Schock steuerte meinen Körper und mein Denken. Ich hatte nur damit zu tun, meine Beine nach vorne zu zwingen. Es schien, als hätte jemand Eisenkugeln daran gehängt und der Kabinenboden bestünde aus kniehohem Schlamm, der das Weiterkommen fast unmöglich machte.

Ich fühlte mich ausgedörrt. In dem Zeitraum, in dem man sonst zehn Schritte macht, gelang mir einer, zumindest war das mein Gefühl. Wahrscheinlich bin ich nur langsam gelaufen, aber meine Wahrnehmung war verschleiert. Stunden schienen zu vergehen, bis ich endlich am Vorhang ankam.

Wie bereits zuvor, saß Mahmud mit seinem selbstgefälligem Gesichtsausdruck auf einem der Sitze am Cockpit, daneben die Dicke, die keine Miene verzog und demonstrativ ihre Handgranaten im Anschlag hatte. Der Terrorchef befahl mir, vor ihm nieder zu knien, und ich tat es. Er fragte mich, wie alt ich sei und woher ich käme. „Ich bin 19 und komme aus Deutschland“, meine Stimme war fest, ich hatte in diesem Moment keine Angst, ich konnte nichts fühlen.

Plötzlich holte er mit seinem rechten Bein aus und trat mir unvermittelt gegen die Schläfe, so dass mein Kopf zur Seite flog. Ich spürte keinen Schmerz, mein einziger Gedanke war: hoffentlich schlägt er mir nicht mit der Hand ins Gesicht.

Ich hatte Angst vor seinen Händen. Es war für mich ein Horror, wenn er mich berührt hätte und dann noch diese Entwürdigung durch einen Schlag ins Gesicht.

Er beließ es bei einem Tritt. Angesichts dessen, was mir bevor stand, hatte der einfach keine große Bedeutung für mich.

Er nahm das Sprechfunkgerät in die Hand und stellte eine Verbindung mit dem Tower her. In altbekannter Manier brüllte er hinein: „Die erste Geisel, die ich erschieße, heißt Diana, 19 Jahre alt, aus Deutschland". Totenstille am anderen Ende der Leitung.

Es machte mir nichts aus, ich hatte ohnehin keine Hoffnung mehr, sondern nur noch die klare, unausweichliche Gewissheit, dass ich nun sterben würde.
Mahmud packte meinen Arm und zerrte mich hoch. Ich wehrte mich nicht, machte einfach mit. Ich fühlte mich wie in Trance, alles in mir stand still.
Wir standen in der geöffneten Bordtür, so weit vorne wie möglich. Er wollte natürlich, dass die Beobachter am Flughafen und im Tower diese Hinrichtung sehen konnten.
Mahmud stand rechts neben mir, in einer Hand hielt er das Sprechfunkgerät, in der anderen seine schwarze Pistole. Die Dicke hatte sich rechts hinter uns postiert und hielt demonstrativ ihre Handgranaten in die Höhe.
Noch einmal rief Mahmud den Tower: „Ich zähle jetzt bis zehn, wenn bis dahin nicht aufgetankt wird, werde ich Diana, 19 Jahre alt, aus Deutschland erschießen". Dann drückte er mir die Mündung der Pistole an die Schläfe. Sie war eiskalt, wie ein Eiswürfel. Schon nach kurzer Zeit hatte ich ein regelrechtes Taubheitsgefühl an dieser Stelle, so dass ich sie nicht mehr spürte.
Der Tower antwortete nicht. Mahmud fing an zu zählen, nicht im Sekunden-Rhythmus sondern ganz langsam. Nun

gab es endgültig kein Zurück mehr, mein restliches Leben bestand aus einer Zahlenfolge von eins bis zehn. Er würde abdrücken, ich würde nach vorne aus der Maschine fallen, auf den blanken Beton der Landebahn. Den Aufprall würde ich sicher nicht mehr spüren. Das Ende kam.

Als das Zählen begann, erwachte ich aus meiner Starre, meine Gedanken überschlugen sich, alles Wichtige sollte noch gedacht werden in dieser letzten Minute. Zuerst dachte ich an die anderen, die ich kannte und nun in dieser Maschine zurück lassen würde. Was wird aus ihnen, werden sie überleben, wird Simone heil nach Hause kommen?

Dann nahm ich Abschied von meiner Familie. Zuerst war da meine Mutter. Ich sah sie vor mir, wie sie sich sorgte, wie sie mich in die Arme schloss, tausend und eine Erinnerung strömten auf mich ein.

Meine wunderbaren Omas, an denen ich ganz besonders hing. Sollten sie je erfahren, wie ich gestorben war, ich war mir sicher, sie würden es vor Kummer nicht überleben. Es war einfach schrecklich. Meine Geschwister sah ich vor mir. Wie würden sie damit klar kommen? Zuletzt nahm ich Abschied von meinem Vater.

Dann kamen die Fragen. Würde meine Familie jemals wissen, wie und wo ich ums Leben kam, würden diese Menschen mich hier in diesem fremden Land begraben, gäbe es für meine Eltern einen Ort, wo sie mich noch finden könnten?

Mahmud war inzwischen bei der Zahl neun angekommen. Da tauchte ich wieder auf aus den Gedanken und sah nach draußen. Ich wusste, ich musste mich jetzt für mein letztes Bild entscheiden. Draußen schien die Sonne hell und freundlich. Auf dem Dach des Flughafengebäudes sah ich in einiger Entfernung bewaffnete Soldaten auf- und abmarschieren. Ich konnte keine Gesichter erkennen, es waren nur Figuren mit Maschinenpistolen.
Sollte ich sie anschauen oder vielleicht doch eher Mahmud? Ich stellte mir vor, wenn ich ihm mit geöffneten Augen sterbend ins Gesicht sah, dass ihn dieser Anblick vielleicht sein Leben lang verfolgen würde. Das wäre mir eine Genugtuung gewesen. Geschafft hätte ich es. Zu diesem Zeitpunkt hatte ich mit meinem Abschiednehmen abgeschlossen. Ich fühlte keine Angst, keine Panik, es kamen keine Tränen. Ich war innerlich vollkommen ruhig.
Doch dann wurde mir klar, dass mir dieses letzte Bild für ihn viel zu schade war. Ich entschied mich für den blauen Himmel und die Sonne, für das Helle, das Licht, das wollte ich mitnehmen, wohin auch immer.

Ich hörte wie Mahmud die zehn zählte, schloss die Augen und wartete auf den Knall. Mein letzter Gedanke war: Mein Gott, Diana, Du bist jetzt einfach aus der Nummer raus, Du stirbst schnell und musst nicht elend in diesem fliegenden Sarg zugrunde gehen. Immerhin hatten wir bis

dahin ja auch schon die Hölle durch gemacht. Irgendwie hatte dieser Gedanke etwas Tröstliches und vielleicht war ich auch deshalb so gefasst.
Der Knall, gleich würde er kommen. Doch stattdessen knackte es urplötzlich im Sprechfunkgerät und eine verzerrte Stimme drang durch den Lautsprecher: „Stop, wir tanken auf, wir tanken auf."
Ich verstand es nicht auf Anhieb, aber als ich die Stimme hörte, war mir klar, dass die Verantwortlichen im Tower mein Leben retten wollten. Ich konnte das alles nicht mehr fassen.
Die Zeit stand still, als hätte jemand den Schalter umgelegt und die Szene eingefroren. Dann sah Mahmud mich an und verkündete gönnerhaft: „Glück gehabt, die tanken auf."

Es war alles zuviel. Ich brach zusammen, wurde ohnmächtig. Im Fallen dachte ich noch: Hoffentlich falle ich jetzt nicht aus dem Flieger. Dann wurde alles schwarz.
Langsam kam ich wieder zu mir. Ich saß allein auf einem der bequemen Sitze in der ersten Klasse. Jemand versuchte, mir mit der Sauerstoffmaske Luft zu geben. Ich glaube, es war eine der Stewardessen, aber ich nahm es nicht richtig wahr. Ich schaute an mir herunter und erschrak. Als ich ohnmächtig geworden war, hatte ich noch

in meiner engen schwarzen Jeans und meinem beigefarbenen Häkelpulli gesteckt, jetzt trug ich ein helles Sommerkleid, das mir mindestens vier Nummern zu groß war. Es hing an mir wie ein Sack. Die Frau sah meinen Blick und erklärte, meine Hose sei so eng gewesen und ich hätte keine Luft bekommen, deshalb hätten sie mir dieses Kleid angezogen. Ich spürte, dass ich auch keine Unterwäsche mehr an hatte. Es war mir egal. Unter normalen Umständen hätte ich einen riesigen Schreck bekommen, es wäre mir unendlich peinlich gewesen. Nach dem Erlebten war nun allerdings wirklich kein Raum, sich um so etwas Gedanken zu machen.

Es war Nachmittag, als ich schließlich zu meinem Platz und endlich zu den vertrauten Gesichtern von Helma, Gerry und Simone zurückkehrte. Ich hatte keine Ahnung, wie lange ich ohnmächtig gewesen war. Als ich aber schon von Weitem in ihre Gesichter sah, da wusste ich, sie hatten längst erfahren, dass ich noch lebte. Niemand weinte, alle waren gefasst, Gerry und Helma drückten mir nur stumm die Hand, Simone sah mich über den Gang hin lange an. Auf ihrem sonst so verzweifelten Gesichtsausdruck erschien ein Hauch von Lächeln.

Wir redeten alle nicht, ich glaube, ich wollte auch nichts erzählen. Noch war das zuvor Erlebte so schockartig nahe, ich wollte es einfach ignorieren, verdrängen, wollte diesen unbeschreiblichen Moment zwischen Leben und Tod aus meinem Kopf und Bauch verbannen. Entweder

ahnten meine Freunde das oder sie waren selbst nicht in der Lage, das Erzählte zu ertragen. Wir blieben stumm, es kamen keine Fragen.
Mittlerweile war die Maschine offenbar aufgetankt worden, denn plötzlich liefen die Motoren an Der Flieger setzte sich in Bewegung.
Wir hatten keine Ahnung, wohin die Reise jetzt gehen würde. Meist war uns das auch egal. Es war Nachmittag. Ich hatte jetzt einen Fensterplatz und die Rollos waren während des Fluges ausnahmsweise offen. Die Nässe aus Urin und anderen Körperflüssigkeiten aus dem Sitz drang schon nach kurzer Zeit durch den dünnen Stoff des Kleides. Ich spürte es kaum, es ekelte mich auch nicht mehr, es war eben so. Auch wenn die Klimaanlage funktionierte, war der Geruch in der Maschine so streng, dass jemand, der von außen herein kam, wahrscheinlich in Ohnmacht gefallen wäre. Für uns war es schon normal. In dem leichten Kleid schwitzte ich zumindest nun nicht mehr so heftig, wie in der langen engen Jeans, die ich vorher getragen hatte. An meine Beine kam endlich Luft, und sie hatten ein wenig aufgehört zu jucken, weil sich nun kein feuchter Stoff mehr an ihnen rieb. Allerdings waren sie ab dem Knie bis hinunter zu den Fußknöcheln stark angeschwollen. So ging es den meisten Passagieren. Das tagelange Sitzen mit angewinkelten Knien, die fehlende Bewegung und wenig zu Trinken, all das belastet die Blutzirkulation immens. Doch für solche Probleme waren wir innerlich völlig abgestumpft.

Ich konnte meine Gedanken nicht bei einander halten, konnte mich auf nichts wirklich konzentrieren, fühlte mich mir selbst fremd und teilnahmslos. Der Schock des zuvor Erlebten wirkte nach und schien alles Denken und Fühlen vollkommen abgeschnitten zu haben. Es war keine große Freude in mir, dass ich noch lebte, weder Erleichterung noch Wut auf unsere Peiniger, es war ein eher apathisches Dahintreiben in einer zuweilen total unwirklich scheinenden Situation mit einem dumpfen Gefühl von Hoffnung, dass dies alles irgendwie und irgendwann doch einmal ein Ende nehmen müsste.

Ich schreckte auf, als mich jemand in die Rippen stieß, weil in den vorderen Reihen der 1. Klasse plötzlich Bewegung gekommen war. Ich richtete mich, so gut es ging, auf, um über die Kopfstützen hinweg sehen zu können, was geschah. Im Nu war ich wieder hellwach.

Die Dicke und die Kleine hatten begonnen, die ersten Passagiere mit den eingesammelten Nylonstrümpfen zu fesseln. Keiner wehrte sich. Währenddessen klebte der Hübsche eine knetähnliche Masse an die Wandverkleidung, rechts und links neben dem Durchgang nach vorne. Er steckte dort etwas hinein und zog dann lange Schnüre in die erste Klasse. Leise fragte ich Gerry, was das wohl sein könnte. Mit bleichem Gesicht flüsterte er nur ein Wort: „Plastiksprengstoff."

Schon bald nach dem Start war das Gerücht in der Kabine umgegangen, wir hätten zu wenig Sprit für die geplante Landung. Ich konnte oder wollte das nicht glauben und dachte nur, bisher hat es doch auch immer geklappt. Die Piloten werden schon dafür sorgen, dass es auch diesmal hinhaut.

Dennoch war zu spüren, dass sich die Stimmung verschlechterte. Auch unsere Bewacher schienen zunehmend nervös zu werden. Die Dicke und der Schöne standen wieder vorne am Durchgang und warfen sich öfter Blicke zu oder unterhielten sich mit angespanntem Gesichtsausdruck auf arabisch.

Wollten sie nun die Maschine endgültig in die Luft jagen, um als Mörder und Märtyrer in die Geschichte einzugehen, bevor ihnen das Schicksal das Todesurteil diktierte? Noch bevor die beiden Terroristinnen mit ihrem Fesselwerkzeug bei uns angekommen waren, hielten sie auf einmal inne. Es gab eine kurze Absprache mit dem Schönen, dann begannen sie plötzlich die bereits gefesselten Passagiere wieder los zu binden. Der Hübsche holte die Zündschnüre wieder ein und entfernte den Plastiksprengstoff.

Dann kam die Durchsage: Die Chefstewardess, die sonst kaum zu hören war, weil Gaby Dillmann auf Mahmuds Geheiß immer alle Ansprachen und Übersetzungen seiner Befehle machen musste, erklärte nun umständlich über das Bordmikrofon, der Treibstoff werde knapp und man müsse sich auf eine Notlandung gefasst machen. Mit monotoner Stimme begann sie, von einem Blatt die Instruktionen für diesen Fall abzulesen. Mit einem Mal riss ihr Gaby Dillmann ungeduldig das Mikro aus der Hand und begann, uns die Lage mit ihren eigenen Worten zu erklären: „Hauptsache ruhig bleiben, alles, was lose ist, fest verstauen, alle spitzen Gegenstände abgeben, auch Schmuck, Brillen und Gebisse." Sie betonte noch mal, dass wir ja bereits wüssten, wie gut unsere Piloten seien und dass sicher alles gut würde. Eine ihre Kolleginnen ging währenddessen durch die Reihen und sammelte alles in einer Plastiktüte ein.

Gaby zeigte vorne die richtige Körperhaltung für die Notlandung: Rückenlehne nach vorne, Kopf auf die Knie und Hände hinter den Kopf verschränken.

Es war also nicht klar, ob sie das Ziel, nämlich die Stadt Aden am äußersten Zipfel der arabischen Halbinsel erreichen würden. Eine Notlandung also, vielleicht auf dem Wasser.

Von jetzt auf gleich überkam mich panische Angst. Für mich bedeutete das einfach nur, wir werden alle elend ertrinken, nichts anderes kam in Frage. Zweiter Gedanke, was ist, wenn dort Haie im Wasser sind. Von da an gab es für mich nur zwei Alternativen: Entweder wir ertrinken oder werden von Haien gefressen.

Meine Fantasie ging vollends mit mir durch und die Panik loderte wie eine Flamme in mir hoch. Immer wieder stellte ich mir vor, wie die Maschine förmlich vom Himmel fiel und auf das Wasser prallte. Wir wurden herausgeschleudert. Ich versuchte zu schwimmen, die Hände über dem Wasser, die Beine weit unten und auf einmal beißt ein Hai zu. Da war ich gerade dem Tod, einem schnellen Tod entronnen, um dann so zu enden. Diese Gedanken sprengten mein Fassungsvermögen und brachten mich fast um den Verstand. Ich sammelte die letzten Kräfte, um nicht vollkommen hysterisch zu werden und loszuschreien.

Ich versuchte mich auf die Anweisungen, auf die Chance zum Überleben zu konzentrieren. Immer wieder übten wir die richtige Haltung: Kopf in den Schoß, Hände in den Nacken. Die Notlandung stand unmittelbar bevor.
Ich war nie ein besonders frommer Mensch gewesen, meine Eltern hatten uns Kinder zwar christlich erzogen, aber in meinem Alter spielten Kirche und Religion eigentlich keine Rolle mehr. Doch nun fing ich an zu beten bis ich fast wund war: „Lieber Gott im Himmel hilf" wieder und wieder murmelte ich dies Gebet vor mich hin. Er konnte es doch einfach nicht zulassen, dass wir hier so elend ums Leben kamen. „Lieber Gott hilf..."

Die „Landshut“ begann zu sinken, ich konnte das deutlich spüren. Landeanflug! Ich sah zum Fenster hinaus, doch ich sah kein Land, nur Wasser auf einer endlosen Weite. Wieder einmal dehnte sich Zeit ganz unnatürlich aus. Es schien mir, als würden wir hunderte Kilometer über Wasser fliegen und ich konnte mir kaum vorstellen, dass wir noch rechtzeitig Land erreichen würden. Ich konnte meinen Blick nicht vom Fenster abwenden, wie hypnotisiert starrte ich hinaus auf die graue Masse aus wogenden Wellen, an deren Spitze sich immer wieder kleine, weiße Gischtkronen bildeten, als könnte ich durch meinen starren Blick das Land irgendwie herbeirufen, war ich zu gar nichts anderem in der Lage.
Auch ansonsten herrschte die schon bekannte Todesstille im Flieger. Dieses nahezu körperlich spürbare Korsett aus Angst und Verzweiflung lag über allem. Gespräche waren verstummt, nur ab und an hörte man ein leichtes Aufstöhnen aus der ein oder anderen Sitzreihe. In diesen Momenten war jeder von uns alleine mit seiner Angst, seiner Hoffnung, seinem ganz individuellen Vermögen oder Unvermögen, der neuerlichen Lebensgefahr zu begegnen.
Die Maschine sank tiefer und tiefer, kein Land zu sehen. Als das Wasser förmlich zum Greifen nahe war, ertönte Gabys Stimme über das Bordmikro: „Jetzt die Lehnen nach vorne und den Kopf runter!“

Völlig panisch riss ich mich jetzt vom Fenster los, ich drückte meinen Kopf so fest in das Kissen auf meinem Schoss, dass ich dachte, ich muss gleich ersticken. Ich begann das „Vater unser" zu beten, immer und immer wieder und wartete auf den großen Schlag, auf das Geräusch des Wassers, auf das die Maschine ja nun unweigerlich treffen musste. Ich wartete, betete und lauschte eine Ewigkeit, alle Sinne waren bis in die letzten Nervenspitzen angespannt. Es war ein Gefühl, als stünde man innerlich kurz vor dem Zerreißen. Ich hielt es nicht mehr aus, ich brauchte Gewissheit: Ganz kurz hob ich den Kopf und riskierte einen Blick aus dem Fenster, und genau in diesem Moment verschwand das Wasser unter uns und fester Boden tat sich auf, wir flogen über Sand. Adrenalin schoss durch meinen Körper, mein Herz machte einen Riesensatz und ich begann jetzt nur noch darum zu zittern, dass doch bitte nicht nur der vordere Teil des Fliegers auf dem Land war und ich hier hinten doch noch bei den Haien landen würde. Ich machte mich bereit, um im Notfall ganz schnell aufzuspringen, um nach vorne zu laufen, nur nicht jetzt doch noch im Wasser landen, das war der Gedanke.
Dann setzte die Landshut auf. Es war ein fürchterliches Rumpeln und ich drückte, wie meine Sitznachbarn auch, meinen Kopf so fest in das Kissen, wie ich nur konnte. Heftige Stöße folgten, so dass man das Gefühl hatte, gleich aus dem Sitz katapultiert zu werden, rauf, runter, hin und her. Alle Muskeln spannten sich an, um diesem Herumgeschüttel stand zu halten. Es war ein ohrenbetäubender

Lärm, als der Bauch der Boeing über den Sand schleifte, wie Metall, das kreischend aufeinander reibt. Wieder begann ich zu beten, die Maschine würde doch nicht jetzt, wo wir es bis zum Land geschafft hatten, auseinanderbrechen, Feuer fangen oder gar explodieren?
Plötzlich spürte ich einen leichten Schlag auf meinen Kopf, traute mich aber nicht, nachzusehen. Irgendetwas musste auf mich herunter gefallen sein, was war geschehen? Die Angst war nicht mehr steigerungsfähig.
Der Flieger rutschte über den Sand und riss dabei immer wieder nach rechts und links aus, so wie ein Auto auf eisglatter Fahrbahn und das mit einer irrsinnigen Geschwindigkeit. Gleichzeitig hielt der Bremsschub entgegen, so ähnlich heftig musste es wohl sein, wenn einer im Zug die Notbremse zog, dachte ich. Immer wieder erschütterten Unebenheiten im Sand die Maschine, so dass sie manches Mal wie ein Ball auf- und absprang. Endlich wurden wir langsamer und dann, viel schneller als gedacht, kam die Maschine zum Stehen.
Irgendwann traute ich mich, den Kopf zu heben und sah, dass das, was mir auf den Kopf gefallen war, Teile der Deckenverkleidung waren. Die weißen Plastikplatten hatten sich an einigen Stellen gelöst und waren nun überall im Gang verteilt, genauso wie Gepäckstücke, Tüten und allerhand Kleinigkeiten, die in den Boxen über den Sitzen verstaut worden waren. Es sah verheerend aus, als hätte eine Bombe eingeschlagen. Aber wir lebten, die Maschine stand, wir waren nicht im Wasser gelandet, sondern wie-

der einmal mit dem Leben davon gekommen. Es dauerte trotzdem eine Weile, bis ich das realisiert hatte und so ging es offenbar vielen, denn die Stille hielt auch nach dieser Kamikaze-Landung erst mal an.
In diesen Minuten sah ich in die Gesichter der Passagiere um mich herum. Der Schock war ihnen anzusehen und wenn man denkt, bleicher kann ein Gesicht nicht sein, dann war das die Steigerung und ich bekam eine Ahnung davon, wie ich wohl in diesem Moment aussehen musste.
Es war der 16. Oktober, der vierte Tag unserer Entführung und was wir hier alle bislang schon an Todesangst, Schock, Schrecken und Verzweiflung durchgestanden hatten, reichte bereits für mehrere Leben. Und immer wieder dachte man, mein Gott, schlimmer kann es doch jetzt einfach nicht mehr kommen. Doch, es konnte. Hier im Wüstensand von Aden war die letzte Station unseres Horrortrips noch lange nicht erreicht.

Die Terroristen hatten wir die ganze Zeit über nicht gesehen, auch sie hatten zum ersten Mal ihre Waffen gesichert und sich auf den Sitzen festgeschnallt. Jetzt tauchten sie wieder auf der Bildfläche auf. Die Rollos mussten geschlossen werden und die Stewardessen fingen an, die Gänge leer zu räumen und alles was dort lag, in die erste Klasse zu schaffen. Als sie fast fertig waren, kam plötzlich unser Flugkapitän, Jürgen Schumann, nach hinten. Dieser attraktive hochgewachsene Mann hatte für mich eine ganz besondere Ausstrahlung von Autorität, Stärke und Zuverlässigkeit. Als junges Mädchen von 19 Jahren hatte ich großen Respekt vor ihm und in seiner Gegenwart fühlte ich mich für kurze Zeit sicher. Ich dachte, wenn es einer schafft, uns hier heil herauszubringen, dann er.

Auch ihm sah man natürlich die Strapazen der letzten Tage an, aber in seinem ganzen Auftreten verbreitete er unter den Passagieren immer Ruhe und Zuversicht. Jetzt erklärte er nahezu strahlend, sein Copilot Vietor habe die Notlandung so hervorragend gemeistert und auch die Maschine habe das offenbar gut überstanden. Endlich löste sich bei uns Passagieren die Starre aus Angst und alle fingen an, laut zu klatschen, manche riefen „Bravo", die Entführer ließen es geschehen.

Immerhin waren auch sie dem Tod nur knapp entronnen, einem Tod, der ihre Mission kläglich hätte scheitern lassen. Schumann und Vietor gingen durch die Reihen, sprachen mit den Passagieren, erkundigten sich, ob alles in Ordnung und niemand verletzt sei. Dann halfen sie den Stewardessen, die etwa einen Meter langen Deckenplatten, die sich bei der Landung gelöst hatten, wieder zu befestigen. Ich beobachtete währenddessen Mahmud. Auch er war wie seine Gesinnungsgenossen nach der Landung in den hinteren Teil der Maschine gekommen und seine Erleichterung über diesen glimpflichen Ausgang war nicht zu

übersehen. Gleichermaßen war es einerseits beruhigend andererseits nahezu gespenstisch zu sehen, wie sehr er, der Täter, in diesem Moment unsere Gefühle als Opfer teilte. Das schaffte eine Nähe, die ich nicht zulassen wollte.
Er strahlte geradezu und bedankte sich immer wieder fast überschwänglich bei dem Copiloten, dass er uns heil heruntergebracht hatte. Seine Angst, hier zu sterben, war also offenbar ähnlich groß gewesen, wie unsere und daraus wollte ich unbedingt Hoffnung schöpfen. Auch er hatte also Angst vor dem Sterben. Das war doch ein gutes Zeichen. Vielleicht würde er dann doch nicht so kaltblütig die Maschine in die Luft sprengen und damit selbst den Märtyrertod sterben wollen, wie er es immer lautstark verkündete.
Ich klammerte mich an diesen Gedanken und die vage Möglichkeit, dass wir doch noch lebend diesem Schrecken entkommen würden.
Draußen wurde es nun langsam dunkel und ein sternenklarer Himmel zog über der Wüstenlandschaft auf. Schon kurz nach der Landung hatte ich sehen können, dass jede Menge Militärfahrzeuge unser Flugzeug umringt hatten, aus denen Soldaten ausstiegen, die nun schon die ganze Zeit unseren Flieger mit Gewehren im Anschlag beobachteten. Jetzt sah ich, wie Mahmud, Schumann und Vietor miteinander diskutierten. Offenbar ging es um den Zustand der Boeing und es wurde klar, einer musste raus, um von außen zu sehen, ob alles in Ordnung war. Alle drei

gingen nun zum hinteren Ausgang. Sofort stieg die Spannung in der Kabine wieder spürbar an. Mein Gott, einer würde das Flugzeug verlassen können, welch ein Gedanke. Ich hoffte insgeheim, dass es Schumann sein würde, denn in ihn setzte ich all mein Vertrauen. Er würde uns bestimmt nicht mit irgendwelchen Aktionen in Gefahr bringen und vielleicht war er sogar in der Lage, dort draußen irgend etwas zu organisieren, das uns helfen konnte. Nach kurzer Zeit kam Vietor zurück. Also musste es tatsächlich Schumann sein, der nun draußen war. Ich war erleichtert. Mahmud und die Dicke standen an der hinteren Bordtüre, starrten in die Dunkelheit und warteten.
Wir alle warteten darauf, dass Schumann wieder kam. Auf irgendwelche Neuigkeiten, darauf, dass sich nun vielleicht etwas bewegte. Allein der Gedanke, dass einer von uns im Moment dem Zugriff unser Peiniger entzogen war, erfüllte viele mit ungeheurer Spannung. Dennoch gab es kaum Gespräche zwischen den Passagieren. Mit jedem neuen Tag und jedem neuen Schrecken unserer Geiselnahme war offenkundig jeder immer stärker damit beschäftigt, den Überlebenswillen wach zu halten, die letzten Kräfte zu mobilisieren, um einfach weiter zu machen und auszuhalten, was kaum auszuhalten war. Es war mit Sicherheit für jeden von uns die wohl härteste Bewährungsprobe, die das Schicksal bis dahin zu bieten hatte, und jeder meisterte sie auf seine ganz eigene Art und Weise. Interessant war zu beobachten, dass ausgerechnet die Männer, das starke

Geschlecht, mit dem Ausharren und Aushalten zum Teil viel schlechter zurecht kamen, als die Frauen. Sie waren eben zu Machern erzogen. Opfer zu sein, das hatte ihnen keiner beigebracht. Das zeigte sich besonders bei einigen Pärchen. Da gab es tatsächlich Männer, die ihren Partnerinnen das wenige Essen und Trinken streitig machten, die so völlig aus der Gemeinschaft fielen, nur noch um sich selbst drehten und die zwischen Freund und Feind nicht mehr unterscheiden konnten. Andere brachen völlig zusammen, erstarrten in Hilflosigkeit und klammerten sich an ihre Frauen, die dann auch noch für zwei stark sein mussten. Mein mädchenhaftes Männerbild vom starken Beschützer mit der breiten Schulter löste sich in Unglauben, aber auch teils in Verachtung auf.

Ich wusste nicht, wie viel Zeit inzwischen vergangen war, seit Schumann die Maschine verlassen hatte, eine halbe, vielleicht auch eine ganze Stunde. Auf jeden Fall wurden unsere Entführer jetzt unruhig und schließlich tauchte Mahmud mit einem Megaphon auf und ich hörte, wie er damit aus der hinteren Bordtür rief, Schumann solle sofort zurück kommen. Offenbar hatten sie schon seit geraumer Zeit nichts mehr von ihm gehört. Als keine Antwort kam, ging die Stimme des Terrorchefs schnell in das schon vertraute Schreien und Brüllen über, bis sie sich schließlich so überschlug, dass man nichts mehr verstand. Als all dies keine Wirkung zeigte, rannte er plötzlich wie ein Wahnsinniger durch die Sitzreihen nach vorne in Rich-

tung Cockpit. Wir vermuteten, dass er da mit dem Tower Kontakt aufnahm, um Schumanns Rückkehr zu fordern. Offenbar fühlte er sich verraten und dachte, der Flugkapitän sei getürmt.
Sein offenkundiger Jähzorn brachte von einer Sekunde auf die andere die Angst zurück. Die Situation, die nach der gelungenen Notlandung verhältnismäßig entspannt gewesen war, wurde nun im Nu wieder bedrohlich und die Vorahnung auf etwas Schlimmes machte sich breit.

Das Geschrei von Mahmud presste uns förmlich in die Sitze und die Ungewissheit auf das, was nun kommen könnte, war kaum auszuhalten. Ich hoffte und betete, Schumann möge so schnell wie möglich einfach wieder auftauchen. Auch Vietor rief immer wieder aus der Bordtür heraus nach seinem Kollegen, seine Stimme klang nun auch ängstlich und leicht hysterisch.
Ich konnte und wollte nicht glauben, dass der Flugkapitän die Chance zur Flucht genutzt und uns alle hier im Stich gelassen hatte. Dafür hatte ich viel zu großen Respekt vor ihm. Ich dachte vielmehr, dass er wahrscheinlich versuchte, Informationen über die Entführer weiter zu geben und jetzt aus irgendeinem Grund nicht zurückkommen konnte.

17. Oktober
Die Hinrichtung

Die Gedanken drehten sich im Kreis, die Zeit verging und Mahmuds Wut steigerte sich in wahre Hysterie. Er stampfte auf und ab durch den Gang und brüllte Unverständliches vor sich hin. Mir war klar, wenn Schumann nun zurückkam, würde etwas Schreckliches passieren. Immer wieder hatte Mahmud uns mit dem Tod bedroht und nun war ich sicher, würde er kommen. Man musste nur in das vor Wut verzerrte, bleiche und übernächtigte Gesicht des Anführers sehen, um das Schlimmste zu befürchten. Die ganze Zeit über hatte Mahmud zudem den Flugkapitän auch als Rivalen betrachtet, er wollte der Anführer sein, er nannte sich „Captain Mahmud“ und nachdem der Copilot Vietor nun mit der Notlandung bewiesen hatte, dass er in der Lage war, auch fliegerisch brenzlige Situationen zu meistern, musste Schumann Mahmud umso entbehrlicher erscheinen.

Ich dachte nur, auch Schumann selbst musste da draußen eigentlich wissen, was nun auf ihn zukam, dass er ins offene Messer laufen würde, wenn er zurück kam. Was also wird er machen, fragte ich mich. Wird er sich wissentlich für uns opfern, oder wird er sein Leben retten und damit das unsere aufs Spiel setzen. Ich fand keine Antwort.

Dann ertönte Mahmuds kratzige und vor Wut verzerrte Stimme über die Lautsprecher.
Gaby Dillmann übersetzte: „Der Flugkapitän ist gefunden worden. Er wird von den Soldaten unverzüglich zur Maschine gebracht und der Exekution zugeführt. Er hat uns alle verraten. Deshalb muss er sterben." Dann ging alles ganz schnell. Man hörte das Geräusch eines herannahenden Wagens, zu sehen war nichts, denn draußen herrschte absolute Dunkelheit. Die Terroristen standen nun alle hinten, wie ein Empfangskomitee an der offenen Bordtür. Dann wurde Schumann in den Flieger gezogen. Im Stechschritt lief Mahmud nach vorne, er hatte sich Schumanns Kapitänsmütze aufgesetzt und postierte sich am Durchgang zur ersten Klasse. Der Schöne war mit ihm gekommen, die Dicke und die Kleine blieben hinten. Langsam ging Schumann von hinten durch die Reihen auf Mahmud zu. Dabei stützte er die Hände immer wieder ganz leicht auf den Kopfstützen der Sitze ab, die er passierte, so als wolle er sich herantasten an das Schreckliche und Unvorstellbare, das ihn erwartete. Ich drehte mich um und sah in sein Gesicht. Es war kreideweiß, ein unendlich trauriger Ausdruck lag in seinen Augen, er wusste was kam, dennoch wirkte er nicht verzweifelt. Noch immer und trotz allem strahlte er Ruhe aus. Sein Blick war geradeaus auf Mahmud gerichtet und er ging keineswegs gebeugt von dieser Last, sondern gerade und mit hocherhobenem Kopf auf unseren Peiniger zu. In der Sitzreihe vor mir kam er zum Stehen. Mahmud stellte sich dicht vor

ihn, mit einem irren Grinsen auf dem Gesicht, das verriet, wie sehr er in diesem Moment seine Macht über Leben und Tod genoss und wie sehr er sie brauchte als Ventil für all die angestaute Anspannung, die Schlaflosigkeit und die eigene Ohnmacht darüber, dass seine Mission noch zu keinem Erfolg geführt hatte.

Schumann sagte, er wolle ihm erklären, was draußen vorgefallen war und warum er erst jetzt zurückgekommen sei. Doch Mahmud ließ ihn nicht zu Wort kommen. Er fuchtelte wild mit der gezogenen Pistole herum und schrie Schumann immer wieder an: „Schuldig oder nicht schuldig?“ Der Flugkapitän versuchte drei- oder viermal zu erklären, sich zu entschuldigen doch immer wieder diese Frage: „Schuldig oder nicht schuldig?“ „Nicht schuldig“, antwortete Schumann schließlich. Der Terrorist forderte ihn auf, sich vor ihm hin zu knien. Schumann tat es, Mahmud zielte mit der Pistole auf Schumanns Kopf. Noch einmal fragte er ihn. „Nicht schuldig“ antwortete der Pilot mit fester Stimme. Plötzlich holte Mahmud mit einer Hand aus und schlug Schumann mit aller Kraft ins Gesicht, so dass sein Kopf zur Seite flog und schoss ihm dann unmittelbar ins Gesicht.

Noch bevor Schumann wieder an Bord gekommen war, hatten uns die Terroristen eingebleut: Bei der bevorstehenden Exekution dürfe keiner wegschauen. Wer dies täte, wer schrie und weinte, würde ebenfalls erschossen. Als der Moment dann kam, überlegte ich fieberhaft, wie kann ich es schaffen konnte, hinschauen, ohne es zu sehen. Mir war klar, das würde mich mein ganzes Leben lang verfolgen, wenn ich es nicht schaffte, abzuschalten. Irgendwie hat es dann auch funktioniert, ich habe innerlich einfach dicht gemacht, ich sah hin, aber ich nahm es nicht in mich auf, habe es irgendwie abgespalten und nicht an mich herangelassen.

Ich glaube auch, dass unser Pilot den Schuss gar nicht bewusst wahrgenommen hat, weil alles so schnell ging. Vielleicht glaubte er noch in einem Moment, Mahmud werde ihn doch nur mit Schlägen peinigen und im nächsten war alles schon vorbei. Das wollte ich auch glauben, denn das bedeutete zumindest einen kleinen Trost in dieser grauenvollen Situation.

Nach dem Schuss gab es einen dumpfen Aufprall als Schumanns Körper in sich zusammen sackte und nach vorne fiel. Seine Leiche lag jetzt im Gang, alles war voller Blut. Die Sitze, der Teppich. Aus der Kopfwunde sickerte die rote Flüssigkeit, bis sich eine Lache bildete.

Ich versuchte, nicht mehr hin zusehen und meine Gedanken auf etwas anderes zu lenken, was jedoch kaum gelang. Im Flieger blieb es still, die schon bekannte Starre aus Angst und Fassungslosigkeit überlagerte alles. Mahmud hatte sich mit der Kleinen nach vorne verzogen. Der Hübsche und die Dicke nahmen mit gezogenen Waffen ihre Positionen am Durchgang wieder ein, so als wäre nichts geschehen. Irgendwann bedeckte einer von ihnen die Leiche im Gang mit einer Decke.

Der Horror hatte ein neues Gesicht bekommen. Nun war endgültig die Grenze überschritten, ein Mensch vor unseren Augen kaltblütig hingerichtet worden. Ich glaube, wer immer nach der geglückten Notlandung doch wieder ein kleines Quäntchen an Erleichterung oder gar Hoffnung geschöpft hatte, dass wir aus dieser Hölle noch lebend heraus kommen könnten, der war jetzt wieder auf dem Nullpunkt angelangt. Mir ging es auf jeden Fall so, auch wenn in der Zeit nach Schumann gewaltsamen Tod der Schock die Gedanken an das eigene Schicksal erst mal verschob und der Geist alles versuchte, um die schrecklichen Bilder und Gedanken zu verdrängen.
Noch immer war es Nacht, als plötzlich wieder einmal Licht und Klimaanlage ausgingen. Offenbar war nun der knappe Sprit endgültig ausgegangen und es dauerte nicht lang und die Temperatur stieg wieder auf ein unerträgliches Maß. In der aufwallenden Hitze dampfte erneut der Gestank aus den feuchten Sitzen und auch von dem toten Körper, der auch Stunden später noch immer im Gang lag, ging bald ein übler Geruch von beginnender Verwesung aus, der einem den Atem nahm.
Als die ersten Passagiere mit Kreislaufversagen zusammen klappten, rief irgendjemand, ob man nicht wenigstens die Türen öffnen könne. Die Geiselnehmer taten es, denn natürlich litten sie selbst genauso unter den Bedingungen wie wir. In dieser Ausnahmesituation lockerten sie dann sogar ihre Bewachung. Nur noch Mahmud trug jetzt eine

Waffe, alle anderen halfen, wenn erneut jemand zusammen brach, ihn zu den geöffneten Türen zu bringen.
Immer wieder mussten sie dazu über die Leiche im Gang steigen und ich fand es fürchterlich erniedrigend zu sehen, was mit diesem Mann, den ich so bewundert hatte, nun geschehen war. Irgendwann war auch ich dran und durfte zu einer der geöffneten Türen gehen. Ich überlegte verzweifelt, wie ich an der Leiche vorbei kommen könnte, ohne darüber zu steigen und vor allem, ohne sie zu berühren. Irgendwie gelang es mir, mich seitlich an dem toten Körper vorbei zu hangeln und ich war in mehrfacher Hinsicht erleichtert, als ich dann an der Bordtür saß. Die Nacht draußen war extrem schwarz und dunkel, kein künstliches Licht weit und breit, dafür ein so beeindruckender Sternenhimmel, wie ich ihn noch nie in meinem Leben gesehen hatte. Irgendjemand fing dann auch an, einen Vortrag über die Sterne zu halten. Das schien zwar absurd in dieser Situation, es tat aber ungemein gut, sich dadurch ablenken zu lassen.
Die Luft da draußen war zwar nicht besonders kühl aber frisch und frei von schlechten Gerüchen, ich atmete so tief durch, wie ich konnte und sog meine Lungen voll bis zum Anschlag. Ich saß direkt am Rand der offenen Tür. Man konnte den Boden in der Dunkelheit kaum sehen und schon gar nicht abschätzen, wie tief es von hier hinunter ging. Es war ungemein verlockend. Seit unserer Entführung war ich der Freiheit nicht mehr so nahe gewe-

sen, die Möglichkeit zur Flucht war unbestreitbar da. Ich überlegte. Ich könnte einfach springen, überleben würde ich es, vielleicht wären meine Beine dann gebrochen, aber die könnte man schließlich wieder hinkriegen. Das wichtigste: Ich wäre frei, frei! Der Gedanke wurde immer stärker, Adrenalin schoss durch meinen Körper. Nur ein einziger Sprung trennte mich von dem Entkommen aus dieser schrecklichen, aussichtslosen Situation, nur ein kleiner Sprung.
Doch was wäre, wenn ich unten ankam und würde mich nicht mehr bewegen können. Sie würden versuchen, auf mich zu schießen und dann wäre alles umsonst gewesen. Aber vielleicht könnte ich mich doch auch mit gebrochenen Beinen unter die Maschine rollen, so dass sie mich nicht treffen würden, vielleicht würde es auch keiner unserer Bewacher so schnell merken. Die Chance schien riesig, ich war wie hypnotisiert von diesem einen Gedanken. Doch in dem Moment, als ich zum Absprung bereit war, kamen mir meine Freunde in den Sinn. Die Entführer würden sich an ihnen rächen. Simone, Gerry, Helma – wie könnte ich damit leben, wenn einer von ihnen möglicherweise deshalb erschossen würde. Ich war 19 Jahre alt, das würde mich bis an mein Lebensende verfolgen, das würde ich nicht schaffen. Und von einer Sekunde auf die andere war damit jeglicher Fluchtgedanke wie abgeschnitten. Das Thema war beendet. Ich weiß nicht, wie viele Passagiere sich mit ähnlichen Gedanken trugen, als

wir dort bestimmt 20 Minuten saßen, unter uns die Dunkelheit und über uns ein überwältigender Sternenhimmel. Gesprungen ist keiner.
Als ich wieder in meinen Sitz zurückgekehrte, lag die Temperatur in der Kabine bei über 50 Grad. Der Verwesungsgeruch war so stark geworden, dass die Terroristen nun zwei Passagiere beauftragten, die Leiche Schumanns in einen der hinteren Bordschränke neben den Toiletten zu bringen. Dazu wickelten sie ihm die Decke um den Kopf und schleppten unter sichtlicher Anstrengung den schweren Körper durch den engen Gang. Sie hatten größte Problem, den Toten in diesem engen Schrank zu verstauen, immer wieder fiel der Körper gegen die Tür und drückte sie auf. Als die beiden Männer zurückkamen, sah ich das blanke Grauen in ihren Gesichtern. An der Stelle, an der Schumann gelegen hatte, war der helle Teppich nun großflächig mit Blut getränkt. Die beiden Terroristinnen kamen jetzt nach hinten. Die Kleine hatte eine Kehrschaufel und beseitigte damit Hirnmasse, die durch den Kopfschuss ausgetreten war. Währenddessen saß die Dicke auf einer Armlehne und biss laut krachend in einen Apfel. Es war widerwärtig.

Als es draußen dämmerte, hörten wir Motorengeräusche und dann das rhythmische Brummen einer Pumpe. Offenbar wurde der Flieger aufgetankt. Kurz darauf starteten wir im ersten Morgenlicht des 17. Oktobers, dem fünften Tag unserer Entführung. Diesmal flog der Tod wahrhaftig mit. Gabi Dillmann informierte uns, das wir nun nach Mogadischu fliegen würden, dass sei die Hauptstadt von Somalia in Afrika. Mir sagte das alles nur eines: Wir waren furchtbar weit weg von zu Hause und keiner konnte uns hier helfen. Andererseits war ich immer froh, wenn wir in der Luft waren, denn dann kehrte eine gewisse Ruhe ein. Mahmud war dann vorne im Cockpit und hatte keine Zeit, uns mit neuen Attacken zu terrorisieren. Der Flug dauerte nicht allzu lange, kurz vor der Landung kamen wir in leichte Turbulenzen, und mit einem lauten Schlag öffnete sich plötzlich die Tür des hinteren Bordschranks und die Leiche unseres Flugkapitäns fiel hinaus. Ich sah nur die geöffnete Tür und wandte meinen Blick schnell ab, ich wollte keinesfalls sehen, was da genau passiert war. Mit Hilfe von Passagieren verstauten die Terroristen den toten Körper wieder im Schrank.

Als der Flieger gelandet war, verteilten die Stewardessen etwas zu trinken und eine Kleinigkeit zu essen. Mein Hungergefühl war allerdings völlig abgeschnitten und ich bekam kaum noch etwas herunter. Durch die heruntergezogenen Rollos konnte man lediglich erkennen, dass es draußen nun vollständig hell geworden war. Mit einem Mal knackte es im Bordlautsprecher und Mahmuds verhasste Stimme setzte zu einer längeren Rede an. Dies sei nun unsere letzte Station, wir würden auf keinen Fall mehr weiter fliegen. Ein letztes Ultimatum sei gestellt und wenn die RAF-Häftlinge innerhalb dieser Zeit nicht freigelassen würden, dann werde die Maschine mit allen Insassen in die Luft gesprengt. Man hörte seiner Stimme an, dass auch er nicht mehr wusste, wie es nun weitergehen konnte und an einem Punkt angelangt war, wo er ernst machen wollte. Immer wieder schimpfte er auf die deutsche Regierung, die nichts täte, um uns zu helfen. Wir wären es unseren Landsleuten offenbar nicht wert, unser Leben zu retten. Ich fühlte mich auf rein rationale Weise dennoch nicht verraten. In dem Moment, als ich wusste, es ging um die Befreiung der RAF-Terroristen, war mir klar, da konnte und würde die Regierung nicht nachgeben. Dennoch flackerte immer wieder und unauslöschlich die diffuse Hoffnung auf, irgend etwas würden die zu Hause doch zu unserer Rettung unternehmen. Ich hatte keine Idee und war mir noch nicht einmal sicher, ob sie wussten, wo wir überhaupt waren, aber ich wollte diesen Gedanken nicht aufgeben.

Der Verwesungsgeruch aus dem hinteren Bordschrank war mittlerweile so stark geworden, dass auch die wieder funktionierende Klimaanlage nichts dagegen ausrichten konnte. Auch den Entführern wurde das offenbar nun zuviel und sie trafen Vorbereitungen, die Leiche von Bord zu bringen. Wieder mussten Passagiere helfen, den nun steifen Leichnam aus dem engen Schrank zu manövrieren,

mir lief es eiskalt den Rücken herunter. Dann wurde unser Flugkapitän durch die hintere Bugtür herausgebracht. Stunden vergingen, ohne dass etwas geschah.
Es muss gegen Nachmittag gewesen sein, als Gabi Dillmann durch die Reihen ging. Ihr Gesichtsausdruck war ernst und irgendwie auch verzagt. Das sorgte sofort für Unruhe unter den Passagieren und auch bei mir. Sie war diejenige, die während der ganzen Zeit immer den Kopf behalten hatte, Optimismus verbreitet und geholfen hatte, auch gegen die Anweisungen Mahmuds, wenn es darum ging, jemandem zu helfen. Sie war damit in gewisser Weise zu unserem Stimmungsbarometer geworden. War sie zuversichtlich, dann waren wir es auch. Doch jetzt wirkte sie erstmals anders. Sie erklärte, sie habe eben im Cockpit Kontakt mit Vermittlern der Bundesregierung gehabt, ihnen geschildert, wie ernst die Situation sei und dass wir alle sterben würden, wenn sie nicht bald auf die Forderungen der Geiselnehmer eingingen. Sie glaube aber fest daran, dass nun etwas passiere. Allein in ihrem Gesicht stand etwas anderes geschrieben.
Nach den grauenvollen Schrecken der vergangenen Tage, der physischen und psychischen Erschöpfung, die ich kaum beschreiben kann, hatte ich zu diesem Zeitpunkt innerlich einen Schlussstrich gezogen. Ich will es nicht aufgeben nennen, denn Hoffnung ist etwas, das nach meiner Erfahrung auch gegen jede Logik besteht und selbst im dunkelsten Moment ein kleines Licht entfacht. Den-

noch war ich soweit, dass ich einfach eine innerliche Gewissheit brauchte und wollte. Mich weiter einzulassen auf dieses Hin und her aus Hoffen und Bangen, diese stete Achterbahnfahrt der Gefühle und Gedanken, das war an diesem Punkt einfach zuviel. Ich wollte nicht mehr, ich konnte nicht mehr. Die einzigen Gedanken, die mich nun beschäftigten, waren, wie es zu Ende gehen würde. Da Mahmud immer von einer Sprengung der Maschine gesprochen hatte, erleichterte mich lediglich noch die Aussicht auf einen schnellen Tod. Simone und ich saßen wieder in einer Reihe zusammen und fanden etwas Tröstliches darin, nun unseren Schmuck auszutauschen. Sollte wie durch ein Wunder eine von uns dem anstehenden Inferno entkommen, so sollte diejenige den Schmuck der anderen den Eltern geben, damit die wenigstens wissen würden, wie und wo ihr Kind ums Leben gekommen war.
Dann kamen sie, um uns zu fesseln. Wir mussten einzeln aufstehen und in den Gang treten. Hände auf den Rücken und dann kamen wieder die Nylonstrümpfe zum Einsatz. Manchen wurden schon nach kurzer Zeit die Hände blau, fast schwarz, weil die Fesseln so eng waren, dass der Blutfluss unterbrochen war. Ich empfand es als unglaublich erniedrigend, nichts tun zu können und nun meinen Peinigern auch noch bereitwillig die Hände hinzustrecken, dass sie mich fesselten und mein Todesurteil vollstreckten.
Doch es gab nichts, was ich hätte tun können. Viele jammerten und stöhnten schon nach kurzer Zeit, denn die

Strümpfe schnitten brennend in die Haut und auch ich verlor schon bald das Gefühl in meinen Händen. Ich versuchte mich auf das vor zubereiten, was nun kommen sollte. Immer wieder flüsterte ich mir in Gedanken Mut zu, Mut zum Sterben. „Bleib ruhig, du kannst es nicht mehr ändern." Gabi Dillmann meldete sich jetzt über das Bordmikrofon. Das letzte Ultimatum der Entführer sei nun abgelaufen, die Bundesregierung habe nicht eingelenkt, auch sie habe nun keine Hoffnung mehr.

Mittlerweile hatten die Terroristen auch den Plastiksprengstoff wieder angebracht und verdrahtet. Nun gingen sie mit Schnapsflaschen und Parfum-Flacons durch die Reihen. Damit übergossen sie die Sitze, aber auch uns, damit wir besser brennen sollten. Es war grauenhaft. Damit hatte ich nicht gerechnet. Meine Hoffnung war, dass alles ganz schnell gehen würde. Eine Zündung und dann sollte es vorbei sein. Doch das, was Mahmud da jetzt verkündete: Er wolle erst alles in Brand setzen und dann sprengen, das ließ mich nahezu hysterisch werden. Das ich erst qualvoll brennen sollte und danach alles ganz schnell ging, das konnte ich nicht ertragen und von diesem Moment an überlegte ich, wie es zu schaffen war, dass sie mich vorher erschießen.

Flüsternd tauschte ich mit Simone meine Gedanken aus. „Wenn Mahmud noch einmal vorbei kommt, dann steh´ich auf und spucke ihm ins Gesicht. Das ist für ihn bestimmt so erniedrigend, dass er mich erschießt, meinst Du nicht?"

„Mein Gott, bist Du verrückt, das kannst Du nicht tun", antwortete Simone fast wütend und verzweifelt und starrte von da an wie hypnotisiert in den Gang vor lauter Angst, einer der Terroristen käme in unsere Richtung.
Mahmud schwang ein letztes Mal eine seiner großen Reden. Er machte deutlich, dass wir nun alle sterben würden, auch er und sein Kommando würden in der Maschine bleiben. Wir würden alle wie eine große Familie zusammen in den Tod gehen. Er habe durchaus Mitleid mit uns, weil unsere Regierung nichts für uns tue. Ich hatte eher den Eindruck, dass er an diesem Punkt seiner Mission selbst verzweifelt war, weil seine Strategie nun offenkundig nicht aufging.
In der Kabine war es absolut still. Jeder war nur noch mit sich selbst und den Gedanken an den bevorstehenden Tod beschäftigt. Noch nicht einmal Weinen war zu hören. Dafür immer wieder das Knacken des Funksprechgerätes, das aus dem Cockpit bis zu uns drang. Manchmal erhob Mahmud seine Stimme wenn, er mit dem Tower sprach. Ich fragte mich, was es da jetzt noch zu verhandeln gäbe. Während ich nach außen hin immer apathischer wurde, schweiften meine Gedanken noch einmal ab zu meiner Familie zu Hause. Ich hoffte inständig, dass sie erfahren würden, wo und wie ich ums Leben gekommen war, dass ihnen etwas von mir blieb, das sie heimholen und begraben konnten. Das war in diesem Moment neben einem schnellen Tod mein größter Wunsch.

Mit einem Mal stürzten unsere Bewacher alle nach vorne und ließen uns allein. Das war total ungewöhnlich, wollten sie jetzt Feuer legen, sich ein letztes Mal besprechen? Nur eine Minute später tauchten sie im Gefolge eines strahlenden Terrorchefs wieder auf: „Eure Regierung hat eingelenkt, unsere Genossen sind schon auf dem Weg. Bald werdet Ihr frei sein“, rief Mahmud. Ein Tumult aus Freuderufen, Jubel und Schreien brandete durch die Maschine. Manche klatschten, andere weinten, lagen sich in den Armen, schienen kurz vorm Durchdrehen. Ich blieb wie erstarrt. Ich konnte mich nicht freuen. Ich war mir sicher, dass da doch irgendwas nicht stimmte, das war noch nicht das Ende. Mir fehlte völlig der Glaube an eine so entscheidende Wendung, ich wollte mich nicht wieder täuschen lassen von der Hoffnung. Während um mich herum die Stimmung immer gelöster wurde, hatte ich das Gefühl, dort als einzige in totaler Verkrampfung zu sitzen.
Ganz schnell lösten die jetzt selbst völlig euphorischen Geiselnehmer unsere Fesseln. Mit Rasierklingen wurden die Strümpfe aufgeschnitten, die anders kaum mehr aufzukriegen waren. Dann fingen sie tatsächlich an, unser Handgepäck zurück zu geben. Zwar ohne Pässe aber mit Handtaschen und Geldbörsen. Denn sie hatten tatsächlich Angst, jemand könne ihre angeblich hohen Ziele in Frage stellen und glauben, sie wollten uns zu guter Letzt bestehlen. Es war alles sehr unwirklich und so sehr ich in mir nach einem Gefühl der Erleichterung oder gar Freude suchte, es ließ sich einfach nicht finden.

Wir durften von nun an fast unbeobachtet miteinander reden. Mahmud schien wie ausgetauscht. Gut gelaunt, freundlich, geradezu in triumphaler Hochstimmung. Ich wollte das gar nicht sehen. Für mich war und blieb er ein Mensch, vor dem ich solche Angst hatte, wie zuvor noch vor niemandem in meinem Leben. Was hatte er uns bisher schon angetan? Da saß er nun und lachte während auf unseren Gesichtern noch der Alkohol brannte, den er über uns geschüttet hatte, um uns in lebende Fackeln zu verwandeln. Für mich war dieser Mann bestialisch und seine Freundlichkeit widerwärtig. Makaber auch seine Wortwahl: „Wir haben es geschafft", so als hätten wir gemeinsame Sache gemacht.
Der Nachmittag verging, ohne dass viel geschah. Wir durften zwischendurch auch schon mal aufstehen, um uns die Beine ein wenig zu vertreten. Die Stimmung unter den Passagieren wurde immer gelöster, auch ich wollte nun daran glauben, dass der Austausch tatsächlich zustande kam und wir zumindest bis dahin Ruhe haben würden. Eine zeitliche Vorstellung, wie lange das noch dauern konnte, hatten wir allerdings nicht. Langsam kam die Dämmerung und da verstummten dann nach und nach auch die Gespräche in der Kabine. Und wie viele andere gab ich zum ersten Mal mit etwas weniger Angst der unglaublichen Erschöpfung nach und schlief tatsächlich ein.

18. Oktober
Meine Befreiung

Ich muss so fest geschlafen haben, dass ich die ersten Schüsse gar nicht mit bekam. Ich wurde auf einmal wach und um mich herum war ein Riesentumult. Ich hörte Schreie: „Köpfe runter, in Deckung!“ und das Knallen von Schüssen. Ich hob meinen Kopf trotzdem, denn ich musste sehen, was dort geschah. Ich schaute nach vorne und entdeckte, dass viele Sitzreihen auf einmal leer waren. Die Passagiere mussten den Flieger verlassen haben aber wie und warum? Ich war völlig durcheinander und konnte mir auf dieses Chaos zunächst keinen Reim machen. Immer wieder wurde geschrieben, „Köpfe runter!“, und das tat ich dann auch. Vorsichtig schob ich meinen Oberkörper in Richtung Gang, um nach hinten zu schauen. Unvermittelt blickte ich in das schwarze Gesicht eines Mannes, der hinter mir im Gang kniete. Das war zuviel. Mit meinen 19 Jahren, meiner völligen Unkenntnis fremder Länder und meiner ganzen Naivität lief sofort meine Fantasie zur Höchstform auf. Ich dachte an alles, nur nicht an Befreiung. Wie Blitze zuckten die Gedanken durch meinen Kopf. Jetzt bist du in einem fremden Land, hast nichts, noch nicht einmal einen Ausweis. Jetzt holen dich diese fremden Menschen, sie werden dich mitnehmen und

dich verkaufen, womöglich in einen Harem stecken und du kommst nie wieder nach Hause. Im Nachhinein klingt das absurd, aber genau das ging mir in diesem Moment durch den Kopf. Ich wollte also auf gar keinen Fall hier raus und gefangen werden. Ich realisierte überhaupt nicht, dass der Mann mich auf Deutsch ansprach, ich sah nur dieses schwarze Gesicht und alles in mir war Panik. Ich machte mich so klein wie möglich und versuchte unter den Vordersitz zu kommen damit mich hier keiner rausholen konnte. Ich klemmte nun mit den Beinen unter dem Sitz und es gab mit einem Mal kein vor und kein Zurück mehr, ich war völlig verzweifelt. Mittlerweile hatte sich der Mann, ein Mitglied der Einsatztruppe der GSG 9, die sich die Gesichter geschwärzt hatten, um bei der Erstürmung der Maschine in der Dunkelheit unentdeckt zu bleiben, zu mir vorgearbeitet. Noch immer fielen Schüsse, doch kurz darauf wurde es ruhiger. Er rief: „Hier ist noch jemand!". Auf allen Vieren kam er jetzt zu mir und redete beruhigend auf mich ein. Er sei Deutscher, wir seien befreit und er wolle mich hier herausholen. Endlich bahnte sich ein klarer Gedanke durch meine Hysterie und mit Hilfe eines zweiten GSG 9-Mannes gelang es, mich aus dieser verklemmten Position zu befreien.
Ich versuchte zu gehen, doch die Beine brachen unter meinem Körper weg wie Streichhölzer. Mein Retter hat mich dann kurzerhand hochgenommen. Immer wieder sprach er auf mich ein und versuchte mich zu beruhigen: „Es ist alles in Ordnung, alles vorbei. Ihr seid gerettet,

wir bringen Euch nach Hause". Ich konnte es einfach gar nicht oft genug hören. Der Mann trug mich die Gangway runter und fragte mich dabei, ob ich eine der Schönheitsköniginnen sei. Ich sagte ja und er antwortete nur: „Dankeschön, super!" Später erfuhr ich, dass die Männer untereinander gewettet hatten, wer wohl eine von uns Schönheitsköniginnen retten würde. Als wir unten ankamen, sagte er zu mir: „Sie müssen jetzt laufen und zwar immer in Richtung der Lichter. Dort drüben ist ein großes Loch, da müssen Sie rein, falls die Maschine noch explodiert!" Meine Beine machten mit und ich lief so schnell es eben ging über diesen Flughafenplatz auf die Lichter zu. Bald sah ich das Loch, es war voller Menschen und sah fast aus wie ein Massengrab. Ich konnte dort nicht hinein. Ich stand am Rand des Loches und und machte mir im wahrsten Sinne des Wortes in die Hose. Danach hatte ich einen völligen Blackout. Wie mir meine Freunde später erzählten, fing ich an wie eine Wahnsinnige weg zu rennen, querfeldein über den Flughafen. Irgendwann muss ich dann zusammen gebrochen sein.

Ich öffnete meine Augen als ich wieder zu mir kam und bemerkte, dass ich vor der Flughafenhalle saß. Eine Schwarze kam auf mich zu. Ganz dick und rund und freundlich sah sie aus in ihrem bunten Gewand mit einem Turban auf

dem Kopf. Sie nahm mich einfach in den Arm, drückte mich, als wäre sie meine Mutter und streichelte meine Wangen. Es war ein ganz unglaubliches Gefühl. Da stand ich nun am anderen Ende meiner Welt nach Tagen der Todesangst und fühlte mich in den Armen einer wildfremden schwarzen Frau so geborgen, als gäbe es keinen besseren Platz auf dem gesamten Planeten. In diesem Moment hätte ich sie am liebsten nie wieder los gelassen. Wenig später kam dann die Aufforderung, in die Flughafenhalle zu gehen. Ich wurde wieder völlig wirr und begann orientierungslos umher zu laufen bis jemand sagte: „Mit der Frau stimmt etwas nicht, legt sie auf den Boden." Das geschah dann auch. Irgend jemand schob dann mein Kleid über die Beine hoch und ich bekam einen Riesenschreck. Beide Beine sahen aus wie dicke Stempel, sie waren voller Wasser und die Haut zum zerreißen gespannt. Dann zogen sie mir spezielle Strümpfe an, die mit dünnen Schläuchen versehen waren, die man aufpumpen konnte.
Von irgendwoher kam ein Arzt und sagte, ich müsse sofort in ein Krankenhaus. Ich konnte an keinen Entscheidungen mehr teilhaben. Ich stand völlig neben mir, der Schock saß tief und ich ließ alles mit mir geschehen. Es kam mir so unwirklich vor wie ein Film, der vor mir ablief, mit mir aber nichts zu tun hatte.
Ein junger schwarzer Mann kam auf mich zu. Er war attraktiv und feingliedrig und als er mich anlächelte sah ich, dass er an einem Schneidezahn einen goldenen Stern trug.

Er brachte mich und noch eine andere Passagierin auf der Ladefläche eines Jeeps in ein nahegelegenes Krankenhaus. Wir fuhren über eine staubige Straße, die rechts und links von erbärmlich aussehenden Hütten gesäumt wurde, so dass ich richtig erschrak. Wie würde da wohl ein Krankenhaus aussehen.

Doch meine Befürchtungen waren unnötig. Die Klinik war ein kleiner weißer Bau, mit einer schönen Außenanlage aus liebevoll gepflegten Blumenbeeten. Alles war sehr einfach, aber sauber und ordentlich.

Sie legten mich mit einer anderen Passagierin in ein Zimmer, das sogar ein eigenes Bad hatte und mit Hilfe von Medikamenten kamen wir ein wenig zur Ruhe.

19. Oktober
Nur noch nach Hause

Als ich aufwachte, war es draußen hell geworden. Ich wollte gerade ins Bad, um endlich nach fünf Tagen zu duschen, zumal ich noch immer meine Periode hatte, als eine Frau, vermutlich eine Schwester oder Ärztin in unser Zimmer kam und erklärte, ich müsse noch ein paar Tage bleiben, weil es mir nicht gut ginge und würde dann eben später nach Hause geflogen. Die anderen Passagiere würden heute schon abreisen.
Alles, was ich zu diesem Zeitpunkt noch an Kraft hatte und was der kurze Schlaf mir beschert hatte, bäumte sich in mir auf. Ich wollte nur eins: nach Hause! Und daran würde mich hier ganz bestimmt niemand hindern. Ich schrie und tobte und machte damit unmissverständlich klar, das mich nichts und niemand jetzt noch von dem Flugzeug fernhalten konnte, das nur wenige Kilometer von hier entfernt bereits auf der Startbahn stand.
Es blieb also keine Zeit mehr, auch nur einen Tropfen Wasser an mich zu lassen. Noch nicht einmal eine Unterhose hatten sie mir in der Klinik besorgen können. So klemmte ich mir einfach jede Menge Klopapier zwischen die Beine und rannte so schnell ich unter diesen Bedingungen konnte zu dem bereits wartenden Jeep vor der Klinik.

Am Flughafen angekommen ging dann alles ganz schnell. Jemand brachte mich zu der bereits wartenden Maschine. Als ich hineinkam rief einer der Passagiere: „Endlich, die Frau aus dem Krankenhaus ist da, wir können fliegen!“ Ich suchte und fand Simone und setzte mich schnell neben sie. Wir drückten uns und waren einfach nur noch ungemein aufgeregt, dass es nun tatsächlich nach Hause gehen würde. Über das Geschehene fiel kein Wort. Simone sagte nur: „Mensch Diana, jetzt hast Du das Essen verpasst, aber ich hab noch einen Schokoriegel für Dich aufgehoben.“

Als das Flugzeug in der Luft war, ging ich als erstes auf Toilette. Es war eine Maschine der Bundesregierung und ich war beeindruckt von der edlen Ausstattung aus rotem Samt und Spiegelschränken. Und darin fand ich dann auch, was ich suchte: Verbandsmaterial. Daraus bastelte ich mir eine provisorische Unterhose und knotete die Behelfskonstruktion rechts und links an den Hüften zusammen. Die dicken Knoten waren von außen als undefinierbare Beulen durch das weiße Kleid zu sehen und als ich zu Simone zurückkam, mussten wir beide herzlich lachen. Ja, wir konnten es noch, es war ein ungemein befreiendes Gefühl. Simone erzählte mir, dass bei der Erstürmung der Maschine durch ein deutsches Sondereinsatzkommando alle Entführer außer der Dicken erschossen worden waren. Mein Gefühl blieb leer, noch nicht mal mehr Erleichterung machte sich breit. Ich konnte oder wollte einfach nicht darüber nachdenken.

Da die Maschine relativ leer war, konnte ich eine ganze Sitzreihe für mich nutzen und dort nahm die Erschöpfung dann ganz schnell wieder überhand. Ich schlief wie in Narkose und bekam von dem 12-stündigen Flug nichts mehr mit.
Kurz vor der Landung weckte mich Simone: „Du musst wach werden und Dich anschnallen, wir sind gleich da und dann gibt es eine Pressekonferenz und auch noch eine Trauerfeier für unseren Flugkapitän." Ich konnte damit nicht viel anfangen, ich wollte einfach nur nach Hause zu meiner Familie.
Als die Räder den Boden berührten und der Flieger sich immer langsamer seiner Parkposition näherte, sah ich aus dem Bordfenster vor dem Flughafengebäude eine riesige Menschenmenge stehen. Ich tippte Simone an die Schultern: „Schau doch nur diese vielen Menschen, da kommt bestimmt jemand ganz Berühmtes hier an, wie aufregend!" Simone sah mich etwas verständnislos an und entgegnete: „Diana, die sind doch wegen uns da." Ich hab´s einfach nicht geglaubt und wollte unbedingt den Promi-

nenten sehen, der doch für diesen Auflauf verantwortlich sein musste.
Dann ging die Bordtüre auf und ich stand auf der Treppe. Die Helligkeit draußen ließ mich die Augen zusammen kneifen und ich dachte nur noch: Jetzt bist Du schon in Frankfurt, fast zu Hause, jetzt musst Du nur noch wenige Kilometer schaffen, dann ist alles gut.
Dann brach der Jubel dieser für mich unüberschaubaren Menschenmenge los. Alle klatschen, auf vielen Gesichtern lag Rührung und Freude. Hochrangige Politiker tummelten sich da unten, doch ich nahm keinen richtig war. Irgend jemand drückte mir einen Blumenstrauß in die Hand, ich nahm ihn mechanisch an, aber innerlich war alles einfach zu viel. Ich verlor in diesem Jubel und Trubel die Orientierung und brach zusammen. Ich musste einfach nur weinen und wusste nicht, wie mir geschah.

Wir stiegen in einen Bus, der uns zu einer großen Halle brachte. Dort, so hieß es, gäbe einen Empfang mit etwas zu Essen und zu Trinken, und die Angehörigen würden da auf uns warten. Meine Mutter nicht, dachte ich, wie sollte die denn wissen, wo ich jetzt war. Ich hatte immer noch keinerlei Vorstellung von dem, was zu Hause passiert war in dieser Zeit und konnte deshalb auch nicht glauben, dass meine Eltern über mein Schicksal im Bilde waren.

Wir betraten diese Halle durch eine Glastür, die meisten noch völlig ungewaschen, ich hatte noch nicht mal mehr Schuhe an, nur die Füßlinge, die es im Flugzeug gegeben hatte.
Mein Blick fiel auf die Menschen, die sich in diesem Raum laut weinend, manchmal auch schreiend in die Arme fielen. Ich fühlte mich fürchterlich allein und fragte mich, wie ich jetzt ohne einen Pfennig Geld in der Tasche bloß nach Hause kommen sollte. Ich traute mich auch erst mal nicht, überhaupt jemanden anzusprechen denn Geld leiht man sich nicht, das war eine eiserne Regel in unserer Familie. Aber mein Wunsch, nach Hause zu kommen war so groß, dass ich schließlich eine Stewardess ansprach und sie bat, mir nur 20 Pfennig zu leihen, damit ich meine Mutti anrufen konnte. Als ich das sagte, brach sie in Tränen aus und ich dachte nur, mein Gott, hier kann dir einfach niemand helfen.
Doch dann fing sie sich wieder und versicherte mir, auch meine Familie sei benachrichtigt und ganz sicher hier, um mich zu holen. Ich konnte es noch immer nicht glauben.
Wie betäubt stand ich zwischen all den Menschen, die sich weinend in den Armen lagen oder noch suchend umherliefen als ich plötzlich jemanden laut meinen Namen rufen hörte. Ich sah kein vertrautes Gesicht begann aber, mich einfach durch die Menschen in die Richtung vor zu kämpfen. Dann sah ich meinen Onkel, der ziemlich rigoros die Leute beiseite schob, hinter ihm tauchten meine Mutter

und meine Tante auf. Sie sahen beide so schlecht aus, um Jahre gealtert vor Kummer und Sorge, dass ich richtig erschrak. Dann endlich waren sie bei mir. Meine Mutter drückte mich so fest an sich, dass ich kaum Luft bekam, dann kamen mein Onkel, mein Vater, mein Bruder. Alle wollten mich drücken, mich berühren, als könnten sie nur so glauben, dass ich tatsächlich noch am Leben und vor allem zu Hause war. Wir alle weinten, als könnten wir nie wieder damit aufhören.

Als wir schließlich nach gefühlten Stunden alle in einer riesigen Limousine, die meinen Eltern von einer großen Zeitung gestellt worden war, nach Hause fuhren, war ich wie in Trance. Alles schien so unwirklich, ich wollte, aber ich konnte es kaum glauben, dass ich nun tatsächlich außer Gefahr und auf dem Weg nach Hause war. Ich denke, meiner Familie ging es ebenso. Dieses Wechselbad aus fünf Tagen Angst, Kummer und Sorgen und der nun kaum fassbaren Freude und Erleichterung sprengte einfach die emotionalen Grenzen. Mein 17jähriger Bruder Markus war es dann, der uns mit einer Bemerkung alle wieder auf den Boden holte: „Können wir vielleicht mal das Fenster auf machen, Diana, du stinkst!" Da musste ich einfach nur lachen.

Wir passierten das Ortschild von Daubringen: Noch nie in meinem Leben war ich so gerne nach Hause gekommen wie in diesem Moment. Jeder einzelne Blick auf diese vertraute Umgebung signalisierte Sicherheit, Geborgenheit und den jetzt so dringend benötigten Abstand zu diesen fünf grauenvollen Tagen.

Ich traute meinen Augen nicht, der ganze Ort war auf den Beinen. Die Menschen säumten die Straßen und winkten mir zu, klatschten und freuten sich, ich bekam Gänsehaut. Zu Hause war die ganze Küche voller Geschenke, Waschkörbe voll mit Päckchen und Briefen bedeckten den Boden.

Mein Vater hatte mir mein Lieblingsgericht gekocht: Spinat mit Eiern. Doch ich bekam nur fünf Löffel hinunter. Ich wollte eigentlich nur endlich baden und schlafen doch daran war nicht zu denken. Unaufhörlich klingelte das Telefon. Vor unserer Haustür liefen die Reporter Sturm, Nachbarn gaben sich die Klinke in die Hand, um mich zu sehen.

Bis Abends um sechs war ich noch immer nicht einmal geduscht, als unser Pfarrer anrief und sagte, es gäbe in einer Stunde einen Dankesgottesdienst für mich. Hunderte Menschen seien schon da, die auf uns warteten.

Wieder nichts mit duschen. Wir rannten quasi aus dem Haus und im Handumdrehen saßen wir wieder in der Limousine, die uns zur Kirche fuhr. Bis dahin waren es nur vier Straßen weit, doch schon in der zweiten war kaum ein

Durchkommen weil die Menschen in Reihen rechts und links standen, um alle in der Kirche dabei zu sein.
Ich konnte das alles nicht fassen. „Die sind nur wegen Dir da“, sagte meine Mutter und mir liefen die Tränen über´s Gesicht.
Wir hielten uns an den Händen, gingen in die Kirche und fanden ganz vorne einen Platz. Alle schauten mich an und ich wusste nicht, wohin mit mir. Alles war so überwältigend und viel zu viel. Ich saß da mit gesenktem Kopf, die Tränen wollten nicht aufhören zu fließen.
Dann kam unser Pfarrer auf mich zu, reichte mir die Hand und sagte: „Ich kann Dir gar nicht sagen, wie sehr wir uns freuen, dass Du noch am Leben bist!“

Nachwort

Mit der Erfahrung leben

In der ersten Zeit zu Hause stürzte ich mich geradezu in die Normalität. Ich wollte nicht an das Erlebte denken und vor allem auch nicht darüber sprechen. Schon gar nicht mit meiner Familie, die selbst so traumatisiert von dieser Situation war, dass ich dachte, ich kann sie nun nicht auch noch mit den Einzelheiten meiner grauenvollen Erlebnisse belasten. Ich wollte es abhaken, vergessen, aus meinem Leben streichen. Mit 19 Jahren hat man eben auch noch zu wenig Lebenserfahrung um zu wissen, dass das nicht geht. Es dauerte dann auch nicht lange, bis mich alles wieder einholte.

Zuerst beschlich mich ein merkwürdiges Gefühl, besonders wenn ich abends noch unterwegs war und dann in mein Auto stieg. Ich begann erst von außen und dann von innen Rücksitz und Kofferraum zu kontrollieren, aus lauter Angst, dort könne sich jemand verstecken und mir auflauern. Dasselbe geschah wenig später auch mit meiner Wohnung und endete irgendwann damit, dass ich sie alleine gar nicht mehr betreten konnte und später wochen- und monatelang bei einer Freundin auf der Couch schlief. Die Angstattacken wurden immer stärker.

Manfred und Uschi, die Besitzer des „Graf Zeppelin“ auf

Mallorca, die unser Schicksal auch stark berührt hatte, luden uns ein, auf ihre Kosten noch mal eine Woche dort Urlaub zu machen. Der Flug war für mich der reine Horror. Es hätte nicht viel gefehlt und ich wäre aus der Maschine gesprungen.
Drei Jahre nach dem Albtraum ging nichts mehr, ich suchte mir professionelle Hilfe und machte eine Therapie. Die Krankenkasse weigerte sich, sie zu bezahlen. Ich suchte Hilfe bei Opferverbänden, sogar bei der Bundesregierung aber keiner konnte angeblich etwas für mich tun.
So ging ich neben meinem Job noch abends in einer Diskothek arbeiten, um mir die Therapiestunden leisten zu können. Sie halfen, den Alltag in den Griff zu kriegen und wieder ein einigermaßen normales Leben zu führen.
Ein Flugzeug habe ich dann neun Jahre lang nicht mehr bestiegen. Wenn ich heute fliege, dann geht das nur mit starken Beruhigungsmitteln.

1996 wurde der letzten lebenden Entführerin der „Landshut", Suhaila Andrawes (die wir die Dicke nannten) endlich in Hamburg der Prozess gemacht und ich musste als Zeugin aussagen. Zuvor war sie untergetaucht und hatte Jahre lang völlig unbehelligt in Norwegen gelebt. Auch nach fast 20 Jahren empfand ich es als Zumutung, dieser Frau begegnen zu müssen, die uns gequält und tyrannisiert

hatte. Meinem Empfinden nach hatte sie nichts dazu gelernt und ihr Fanatismus war noch derselbe wie damals. Sie wurde zu 12 Jahren Haft verurteilt, kam aber 1999 schon wieder frei.
Frei von den schrecklichen Erinnerungen, die sich in die Seele eingebrannt haben, werden ich und sicherlich viele andere Opfer dieser Entführung niemals sein. Damit umgehen kann jeder nur auf seine Weise. Die Geschichte in diesem Buch zu erzählen war und ist für mich ein wichtiger Schritt auf diesem Weg.

Diana Müll
September 2007

Das erste Wiedersehen im Frankfurter Flughafen am 18. Oktober 1977. Diana Müll mit ihren Eltern.